KB201957

넷플릭스가 삼켜 버린 기독교

세움북스는 기독교 가치관으로 교회와 성도를 건강하게 세우는 바른 책을 만들어 갑니다.

넷플릭스가 삼켜 버린 기독교

콘텐츠 중독 시대, 교회는 무엇을 잃었는가?

초판 1쇄 인쇄 2025년 6월 5일
초판 1쇄 발행 2025년 6월 10일

지은이 | 홍광수
펴낸이 | 강인구

펴낸곳 | 세움북스
등 록 | 제2014-000144호
주 소 | 서울특별시 종로구 대학로 19 한국기독교회관 1010호
전 화 | 02-3144-3500
팩 스 | 02-6008-5712
이메일 | holy-77@daum.net

교 정 | 이윤경
디자인 | 참디자인

ISBN 979-11-93996-48-5 (03230)

넷플릭스가 삼켜버린 기독교

홍광수 지음

콘텐츠 중독 시대,
교회는 무엇을
잃었는가?

세움북스

추천사

오늘날 우리는 넷플릭스로 대표되는 미디어 홍수 시대를 살아가고 있다. 이 책은 그리스도인들이 이러한 시대적 변화 속에서 미디어를 어떻게 바라보고 활용해야 하는지에 대한 의미 있는 질문을 던진다. 저자는 미디어를 무조건 멀리해야 한다고 주장하지 않는다. 오히려 미디어를 '새로운 언어'로 이해하고, 이를 통해 효과적으로 복음을 전할 수 있다고 제안한다. 특히 넷플릭스의 드라마와 영화 등을 구체적 사례로 들며, 현대 미디어가 기독교를 어떻게 왜곡하는지를 분석하는 동시에, 복음을 전할 수 있는 새로운 가능성도 제시한다. 미디어의 영향력이 날로 확대되는 지금, 이 책은 그리스도인들이 미디어를 바르게 분별하고 창의적으로 활용하여 복음 전파의 도구로 삼을 수 있도록 돕는 유익한 안내서가 될 것이다.

송태근 목사 _ 삼일교회 담임

책의 제목은 '도발적'이다. 복음과 문화의 관계를 탐구하는 내용은 철학적이고 신학적이며 미학적인 차원에서 '학문적'이다. 난해한 담론을 익숙한 영화와 드라마로 서술하면서 미디어에 대한 기독교적 이해를 높여 준다는 점에서는 또한 '매력적'이다. 아마도 저자의 특성을 그대로 반영하는 듯 하다. 이 책은 세상이 기독교를 바라보는 관점, 복음과 문화의 복잡한 관계를 미디어 리터러시에 대한 식견을 바탕으로 서술하고 있다. 영화적 장치에 담긴 문화적 메시지와 의도를 추출하여 기독교가 고민해야 할 문제들을 제시한다. 우리 시대가 접하는 영상에서 문학적 '스토리'와 미학적 '영상'과 미디어 '기술'에 담아 전하려는 '메시지'와 그 '의도'를 생각하고 분별하면서 자신의 가치 체계를 지켜 가는 일은 또 하나의 씨름일지도 모른다. 영상 홍수 시대에 기독교적인 문화 이해를 고민하는 분, 문화 속에 살아가는 기독교인의 정체성을 반성적으로 사유(思惟)하고자 하는 분, 미디어 시대 교회의 방향성을 고민하는 모든 분에게 이 책을 추천한다.

정명호 목사 _ 혜성교회 담임

본서는 전도가 막혀 보이는 한국 교회의 암울한 현실을 타개할 참신한 통찰력을 제시해 주는 안내서이다. 먼저 사도행전 1장 8절에서 주님이 말씀하신 "땅끝"을 지리적 공간 차원에서가 아닌, 영역적 차원에서 바라봄으로써, 미디어 영역이 현대 그리스도인들에게 주어진 중요한 선교 영역임을 깨닫게 한다. 하나님의 통치를 거부하는 강력한 세력을 지닌 미디어의 모든 현장들의 (영화, 연극 등 예술과 문화) 영역을 주의 통치 아래로 이끌어 내기 위한 다양하고 창의적인 논의를 제시하며 독자들이 곰곰이 고민하도록 도와준다. 그리고 오늘날 이 땅에서 나약해 보이는 능력의 복음을 바로 그 영역에서 다시 회복시켜야 한다는 사명감을 일깨워 주며, 또 그렇게 할 수 있다는 희망의 빛을 한국 교회와 성도들에게 선사한다. 본서는 21세기 한국 교회의 부흥과 회복을 꿈꾸는 모든 그리스도인들과 교회가 함께 고민해야 할 중요한 주제를 선명하게 밝혀 주고 있다. 사랑하는 제자요 하나님 나라의 동역자인 홍광수 목사의 명저《넷플릭스가 삼켜 버린 기독교》의 일독을 강력히 추천한다.

김광열 교수 _ 前 총신대학교 신학과 | 총체적복음사역 연구소 소장

처음에 이 책을 접했을 때, 나는 단순히 '넷플릭스'에 올라온 다양한 콘텐츠를 기독교 세계관으로 비평하는 책이겠거니 생각했다. 그러나 이 책은 '넷플릭스'가 아닌 '교회'를 논하는 책이었다. 특별히 스마트폰과 넷플릭스가 장악한 문화의 흐름 속에서, 저자는 오늘날 기독교가 왜 이렇게 무기력해졌는지 되짚어 보고, 단순히 세속사회 속에서 억울하게 피해를 입고 있다고만 생각하기보다 어떤 새로운 언어로 '지금 이곳'의 사람들과 소통해야 할지 함께 고민하자고 제안한다. 대중문화의 속성과 권력구조를 이해하면서도, 전통적 교리나 종교 언어에 머무르지 않고 '새로운 표현'과 '새로운 실천'을 고민하도록 독려하는 저자의 태도는 스마트폰과 미디어가 장악한 시대를 살아가는 모든 그리스도인에게 시사하는 바가 크다. 누군가는 이 책을 교회에 대한 날카로운 비판서로 여길 수도 있겠지만, 나는 오히려 교회가 영적 · 문화적으로 '회복'될 수 있음을 진정으로 바라며 외치는 사랑의 고백처럼 읽혔다. 영상 콘텐츠와 OTT 플랫폼이 일상화된 사회에서 '디지털 시대의 바벨탑'에 던져진 교회가 어떻게 상상력

을 회복하고 복음이라는 놀라운 '드라마'를 다시 펼쳐 낼 수 있을지 궁금하다면, 이 책을 꼭 읽어 보길 권한다.

이수인 교수 _ 아신대학교 기독교교육과 미디어학과

디지털 문해력이 주목받는 시대다. 세상은 더욱 복잡해지고 시각 영상을 통한 디지털 매체의 영향력은 더욱 커져만 간다. 현시대에서 그리스도이신 예수의 제자로 살아간다는 것, 각자의 부르신 곳에서 예배자로 살아가기 위해서는 이에 맞는 도움이 필요할 것이다. 그렇기에 읽어 내고 해석할 수 있는 실력이 요구되고 있지만 한국 교회는 어떠한가? 홍광수 목사는 이 분야에 몇 안 되는 탁월한 목회자다. 그의 실력을 오랜 시간 지켜본 사람으로 이때를 위해 준비된 사역자라고 자부한다. 영상매체를 대표하는 넷플릭스의 작품들을 그의 통찰력 있는 시선으로 풀어낸 내용들이 관심 있는 그리스도인들에게 큰 도움이 될 것이라 확신한다. 어렵고 복잡한 내용을 쉽게 써낸 이 책이 한국 교회의 기본 교재로서 자리매김하기를 바란다.

김준영 디렉터 _ 마커스 설립자 | 나의미래공작소

기독교 문화 사역에 대해 고민하면서 여러 가지를 시도해 왔던 나에게 많은 생각이 들게 만드는 책이다. 작가 홍광수 목사가 가진 특유의 꼼꼼함을 가지고 넷플릭스가 삼켜 버리고 있는 현재 기독교를 바라보면서 "이것을 어떻게 받아들여야 할 것인가?" 그리고 "기독교인인 우리는 무엇을 할 것인가?"에 대해 질문한다. 미디어 속에 기독교가 조롱받고 코믹하게 묘사되고 바보스럽게만 보이는 것에 대해

방어적으로 변명하거나 오히려 무턱대고 공격하는 것이 아니라 공동체적으로 고민하며 새로운 이야기를 만들어야겠다는 생각이 들도록 만든다. 작가는 앞으로 넘쳐 나는 미디어 환경 속에서 게토화된 기독교가 아닌 생명을 담은 풍성한 이야기로 세상을 향해 나아갈 방향을 여러 각도로 고민하며 질문하고 있다. 나는 이 책이 독자에게 여러 방향의 기독교 문화를 고민하게 할 것이라 확신한다.

홍성춘 집사 _ 연극/영화 배우

나는 17년째 대중문화 한가운데에 몸담고 살아가면서, 종종 이런 고민에 빠지곤 했다. "빠르게 변하는 이 시대와 문화 속에서 기독교는 어떻게 주님을 바라봐야 할까?", "문화와 신앙이 충돌하는 지점에서, 우리는 무엇을 선택해야 할까?" 그런데 이번에 홍광수 목사님께서 펴내신 이 책을 읽으면서, 제가 오랫동안 마음속에 품고 있던 갈증이 시원하게 해소되는 느낌을 받았다. 이 책은 '시대가 요구하는 기독교'를 이야기하는 것이 아니라, '이 시대가 어떻게 주님께 집중해야 하는지'를 진지하게 알려 준다. 그래서 이 책은 단순히 청소년이나 청년들만을 위한 책이 아닌 믿음 안에서 자녀를 세우고 싶은 부모님들께도, 또 치열한 세상 속에서 신앙을 지키고 싶은 모든 분들에게도 꼭 추천하고 싶다. 삶과 신앙 사이에서 고민하고 있다면, 이 책이 분명히 깊은 통찰과 방향을 제시해 줄 것이다. 진심을 담아 이 책을 추천한다.

이정규 집사 _ 개그맨/가수

프롤로그:
교회여 상상력을 회복하라

　우리는 그 어느 시대보다 많은 양의 정보를 소비하면서 살아가고 있다. 한 신문 기사에 따르면 2020년에는 하루 평균 25억 기가바이트(GB)의 디지털 정보가 생산되었는데, 2025년에는 하루 175조 기가바이트의 정보가 생산될 것으로 추정된다고 한다. 불과 5년 사이에 약 7만 배가량의 정보가 증가하는 셈이다. 아마 최근 등장한 생성형 인공지능으로 인해 정보 생산량은 더 급격히 증가하게 될 것이 분명하다. 사실 이렇게 쏟아져 나오는 정보들 대부분은 우리의 일상적인 삶과는 크게 관련이 없다. 하지만 정보의 과잉은 지식의 불분명성을 더 증가시킬 것이다. 그래서 우리는 우리의 신앙과 지식이 정박할 장소를 필요로 한다. 나는 그 정박할 장소가 상상력의 원천인 성경 안에 있다고 믿는다.

　세상은 온갖 흥미롭고 재미있는 것들로 가득하다. 소비하고 또 소비해도 마르지 않는 샘처럼 어디에선가 또 다른 흥미로운 것들이 튀어나온다. 사람들은 잠자리에서 일어나 스마트폰을 들고 하루를 시작한다. 세수하고 이를 닦을 때도, 식사할 때도, 출근하는 지하철 안에서도, 운전하면서도, 학교로 향하는 짧은 거리에도, 잠시 쉬는 휴식 시간에도, 퇴근하는 길에서도, 학원으로 향하는 승합차 안에서도 자기 전까지 거의 대부분의 시간을 스마트폰과 함께 생활하며, 스마트폰 속의 콘텐츠를 소비하면서 살아간다.

이 정도면 이미 스마트폰이 주인이고, 그 스마트폰이 지배하는 세상에서 인간이 노예처럼 일을 하고 있는지도 모른다. 인간들은 스마트폰에게 전기를 제물로 바치기 위해 힘들게 노동하면서 살아가고 있다. 만일 그렇다면, 우리에게는 영화 〈매트릭스〉(The Matrix) 속의 빨간 알약이 필요하다. 스마트폰은 이미 이 시대를 지배하고 있는 '유사–신'이며, '거짓–신'이다. 인간은 스마트폰에서 흘러나오는 노래와 영화, 드라마를 보면서 반성적 사유 능력을 잃어버린 채 스스로 노예인지도 모르는 노예 상태에 들어서 있다.

나는 기독교가 현대 문화의 절대적 영향력 아래 빠져들게 된 원인이 사유(思惟) 능력의 상실에 있다고 생각한다. 많은 크리스천들이 자기 정체성을 잃어버리고 신자유주의의 질서 아래에서 '소비자'로서만 존재하고 있다. 우리는 일요일에만 교회에 가는

'선데이 크리스천'의 시대를 지나 일주일에 한 번씩 교회 의자를 엉덩이로 따뜻하게 데워 주는 '벤치 워머(bench warmer) 크리스천' 으로 살아가고 있다. 상상력의 원천인 성경을 가지고서도 아무런 상상력을 발휘하지 못한 채 세상이 넉넉히 감당할 수 있는 사람으로 살아간다. 상상력이 제압된 크리스천은 하나님 나라를 꿈꾸지 못한다. 그저 세상이 부여하는 이미지와 정체성을 따라 껍데기만 크리스천인 삶을 살아갈 뿐이다.

이 책은 상상력을 잃어버린 교회에게 상상력을 되돌려 주고, 온갖 조롱과 멸시 속에 있는 십자가를 미디어의 영역에서 복권시키는 데 그 목적이 있다. 포스트모던적 무기력증과 허무주의에 빠져 허우적거리는 크리스천들의 상상력을 세상으로부터 해방하기 위해 이 책이 작은 해독제가 되길 기대해 본다.

세상의 모든 아름다움 속에 빛나는 하나님에 대해 우리는 말해야 할 의무가 있다.

목차

PART 06. 교회를 위한 새로운 언어

①
상상력을 잃어버린 기독교

'경건'이라는 단어를 들으면 어떤 장면이 떠오르는가? 아마 많은 이들이 어둠 속에 한 줄기 빛이 비치고 있고, 그 고요한 가운데 가지런히 손을 모으고 기도하고 있는 어린 사무엘의 모습을 상상할지 모른다. 왜냐하면 '경건'이라는 단어가 가지고 있는 특정한 이미지 때문이다. 어떤 단어를 들었을 때, 특별히 노력하지 않아도 특정한 이미지가 반사적으로 떠오른다는 것은 우리가 사용하는 언어가 가치중립적이지 않다는 것을 의미한다. 오히려 현대 문화 속에서 '말'은 이미지에 압도되어 있다.

대중매체는 다양한 이미지를 의도적으로 편집하고 전시함으로써 특정한 맥락 속에서 이야기를 재생한다. 이런 의미에서 이미지는 정치와 권력 투쟁의 현장이 된다. 특정한 이미지에 어떤 이야기를 담을 것인지를 두고 처절한 전쟁이 벌어진다는 말이다. 여기서 정치와 권력은 특정한 정치 집단일 수도 있고 기업일 수도 있으며, 심지어 종교일 수도 있다. 어떤 메시지를 담아 이야기를 하는 사람, 메가폰을 붙잡은 사람이 권력을 가지게 된다.

이전 시대에는 천사와 악마가 화염검과 삼지창을 들고 전쟁을 벌였다면, 이 시대에는 드라마 작가로, 영화감독으로, 웹툰 작가로 변모하여 전쟁을 벌이고 있다. 나는 만일 예수님이 2,000년 전이 아니라 지금 이 시대에 오셨다면, 그분은 떠돌이 복음 강연가로 활동하시기보다는 영화감독이 되셨을 것이라고 생각한다. 예수님이 택하셨던 강론(講論)이라는 형태의 전도 방법은 당시 헬라의 철학자들과 랍비들이 대중들에게 가르침을 전하기 위해 사용했던 가장 일반적이고 흔한 형태의 방법이었다. 예수님은 하늘의 나는 새와 들에 핀 꽃들을 손으로 가리키면서 대중들에게 하늘의 이야기를 이 땅의 이미지로 설명하셨다. 그 분의 가르침은 탁월하고 재기 발랄했으며, 아이러니와 유머가 가득 넘쳤다. 예수님이 보여주셨던 상상력은 이 세계 위에, 이 세계 속에 그리고 이 세계를 관통하는 것이었다.

만일 예수님이 온 우주를 창조하셨던 그 엄청난 상상력으로 한 편의 영화를 만든다면 어떤 일이 일어날까 상상해 보자. 아마 그 작품을 감상한 사람은 넋이 나간 상태로, 온전한 정신을 지킬 수 없을 것이다. 그것은 마치 내 손안에 든 컵 속에 바다를 담는 일과도 같다. 언어의 형태로 주어진 성경의 메시지도 그

일부만을 간신히 이해할 수 있는 인간에게 이성의 한계 너머에 존재하는 상상력을 보여준다는 것은 인간이 도저히 감당할 수 없는 일이다. 그래서 그분은 하늘나라의 상상력으로 세상을 변혁하는 일을 교회에게 남겨 두셨다.

> 오직 성령이 너희에게 임하시면 너희가 권능을 받고 예루살렘과 온 유대와 사마리아와 땅끝까지 이르러 내 증인이 되리라 하시니라(행 1:8).

예수님이 말씀하셨던 '땅끝'은 지리적이고 물리적인 공간을 의미할 뿐 아니라 하나님의 통치를 인정하지 않는 삶의 전 영역을 의미한다. 크리스천은 인간의 삶과 관계된 모든 영역에서 하나님께서 영광 받으실 수 있도록 예수님이 분부하신 모든 것을 가르쳐 지키게 해야 할 창조적인 의무를 지니고 있다.

문제는 미디어 영역에 남겨진 과제에 대해 크리스천들이 거의 관심을 갖지 않는다는 점이다. 교회는 "그것은 교회의 사명이 아니다"라고 말하고, 크리스천 예술가들은 "기독교 콘텐츠에 대한 수요가 너무 제한적이어서 그것은 지속 가능하지 않다"라고 말한다. 치열하게 담론과 권력의 충돌이 일어나는 미디어 현장에서 기독교는 현재 숨조차 제대로 쉬고 있지 못하다. 이미지를 제압당하고 상상력에 족쇄가 채워진 기독교는 그저 교회 내부의 성도들에게 전통적인 수사학을 동원하여 유사한 메시지를 재방송할 뿐이다. 상상력이 결여된 메시지는 매력적이지 않다. 천국행 티켓을 따내기 위해 가져야 할 최소한의 인내심이 성도들에게 남아 있지 않았다면, 교회 좌석은 아마도 더 빠르게 텅 빈 상태가 되었을지 모른다.

함께 생각해 봅시다

1. 예수님이 지금 이 땅에 오신다면 어떤 직업을 선택하실까요? 왜 그 직업을 선택하실 거라고 생각하는지 그 이유에 대해서도 나누어 봅시다.

2. 복음 전파의 사명에 대한 공간 중심적 개념과 영역 중심적 개념은 어떤 차이점이 있는지 생각해 봅시다.

3. 하나님께서 당신에게 '복음의 증거자'라는 직위를 주시고 현시대에 적합한 콘텐츠를 기획하는 업무를 지시하셨다고 가정해 봅시다. 기획자로서 어떤 콘텐츠를 제작하고 싶은지 생각해 보고 그 내용에 대해 함께 나누어 봅시다.

②
'이미지'는 메시지를 사건으로 만든다

미디어 영역에서 '이미지'는 곧 사건화를 의미한다. 권력은 이미지를 통해 특정 인물이나 이슈의 위상을 강화하거나 조정하고, 특정 집단의 가치관을 사람들에게 은근히 유포한다. 이미지는 선별되어 대중 앞에 전시되는 순간, 그 어떤 이미지라도 특정한 메시지를 담고 있다. 가치중립적인 이미지는 존재하지 않는다. 이것이 바로 권력 게임의 구조에서 이미지가 가지는 고유한 특성이다.

예수님은 커다란 사거리 한복판에서 의도적으로 기도하는 바리새인들의 행위에 대해 날카롭게 비평하신다. 바리새인들은 자신의 집으로부터 기도 처소까지 도보로 걸리는 시간을 정확하게 계산하여 의도적으로 늦게 출발한다. 가장 사람들이 많이 다니는 사거리에 도착할 때 즈음이 되면 기도를 시작해야 할 시간이 도래한다. 그는 어쩔 수 없다는 듯이 사거리에서 큰 소리로 기도하기 시작한다[1]. 바리새인들이 사거리에서 큰 소리로 했던 기도는 다분히 정치적인 행위이다. 로마의 지배 체제 아래에서 점점 헬레니즘의 영향력이 확대되고 있던 유대 사회에서 유대인으로서 가져야 할 자기 정체성과 고유문화의 탁월성을 선전하기 위해 그들은 율법대로 큰 소리로 기도하기 시작한다. 그들은 자신들이 얼마나 율법을 철저하게 지켰는지에 대해 선전한다. 이 기도는 사람들에게 보여주기 위한 일종의 정치적 퍼포먼스였다.

그래서 예수님은 기도라는 거룩한 행위를 정치적인 목적으로 왜곡하는 바리새인들의 숨겨진 의도를 폭로하신다. 이전까지 사거리에서 바리새인들을 존경 어린 시선으로 바라보던 어린 바리새인 지망생들에게, 이미 바리새인들의 모습이 일상적인 모습이 되어 버려 더 이상 관심조차 가지지 않는 거리의 장사치들에게 예수님은 바리새인들의 기도를 재맥락화한다. 예수님의 서늘한 설교를 들었던 이들의 눈에는 사거리에서 큰 소리로 기도하는 바리새인들의 모습이 다르게 보이기 시작했을 것이다. 바리새인이 되기 위해 준비 중이었던 한 지망생의 어린 마음에 상처가 생겼을지언정 어린 소년에게 예수님의 설교는 하나의 사건으로 남겨지게 되었으리라.

---

1 또 너희는 기도할 때에 외식하는 자와 같이 하지 말라 그들은 사람에게 보이려고 회당과 큰 거리 어귀에 서서 기도하기를 좋아하느니라(마 6:5).

오늘날 드라마와 영화가 수행하는 이미지 정치는 예수님의 설교 행위와 유사하다. 미디어는 대중들에게 메시지를 각인시키는 적극적인 정치 행위이다. 언어적 요소, 도상학(圖像學)적 요소, 조형적 요소 등에 의해 이미지는 생산되고, 그 이미지는 은밀하게 권력의 언어를 사람들의 의식 속에 말 그대로 '심는다'. 인스타그램, 유튜브, 페이스북에서 시간을 보내면서 다양한 콘텐츠들을 소비하는 동안 당신은 이미 생각하지 않는 곳에서 생각하고 있고, 욕망하지 않는 곳에서 욕망하고 있다. 이미지 정치에는 진실이나 카타르시스는 존재하지 않는다. 모든 것이 쇼 비즈니스의 관점에서 소비될 뿐이다. 그래서 부담이 없고 흥미로우며, 그래서 치명적이다.

예수님이 수행하셨던 설교는 주로 이런 이데올로기에 의해 제압되어 있는 이미지를 삶의 현장에서 제거해 내는 것이었다. 로마의 헬레니즘과 철학으로부터, 유대인들의 관습화된 율법주의로부터 벗어나 새로운 상상력을 가지도록 하는 것이었다. 하나님 나라의 백성이 되기 위해서 제국으로 대표되는 세속적 이미지로부터 탈출하여 하나님의 시선으로 현실을 바라보라는 요구였다.

구약신학자 월터 브루그만(Walter Brueggemann)은 "우리 시대의 가장 큰 질병은 상상력을 감퇴시킴으로써 우리를 둔감하게 만들어 상상력을 꿈꾸지 못하도록 만드는 것이다"라고 진단한다.

설교는 관습적으로 규정되어 있는 이미지에 대해 새로운 이미지를 제공함으로써 인식과 경험, 신앙과 삶에 대한 태도가 다른 방식으로 재조직되도록 관여하는 행위이다. 이런 측면에서 오늘날 가장 영향력이 막강한 설교 행위를 꼽는다면, 단연코 그것은 '영화'라는 형식을 가지고 있다고 나는 생각한다. 미디어 이론가이자 문화비평가인 마셜 매클루언(Herbert Marshall McLuhan)의 말처럼 "The Medium is the Massage"(미디어는 마사지다)이기 때문이다. 그것은 우리가 인식하지 못하는 사이에 끊임없이 신체와 정신을 마사지하고 침입해 오는 특성을 가진 '메시지'이다.

함께 생각해 봅시다

1. 가장 인상 깊게 보았던 영화, 드라마, 책 중 한 가지를 선정하여 인상 깊었던 내용과 이유에 대해 함께 나누어 봅시다.

2. 성경에서 가장 인상 깊은 '이야기'는 어떤 것인지 한 가지씩 선정하여 이유에 대해 함께 나누어 봅시다.

3. 성경이 여러분의 삶 가운데 일으킨 가장 인상 깊은 사건이 무엇인지 생각해 보고 함께 나누어 봅시다.

③
기독교는 현재 어떤 사건인가?

아마 "기독교는 현재 어떤 사건인가?"라는 질문을 들으면 어떤 분들은 기분이 나빠질 수도 있다. 이 질문을 기독교가 어떤 문제를 야기하는 곤혹스러운 종교라는 뉘앙스로 받아들일 수 있기 때문이다. 하지만 기독교는 실제로도 로마 사회에서는 하나의 스캔들이었다. 기독교인들은 로마의 신들을 경멸하는 자들로 간주되었다. 당대 로마인들은 자신들에게 익숙한 신들을 부정하는 크리스천들을 '무신론자'로 여겼다. 동시에 기독교에 대한 음험한 소문들이 퍼져나가면서 크리스천들은 성적으로 방종하며, 교회는 음침한 곳에 모여서 식인 행위를 하는 반국가적이고 반사회적인 단체라는 이미지가 생겨났다.

교회 공동체 안에서 형제, 자매라는 명칭을 서로 사용하면서 결혼하는 것이라든지 혹은 예수의 살과 피를 함께 나누는 성찬에 대한 문화적 차이에 대한 오해로부터 기인된 것이긴 했지만 예전이나 지금이나 사람들은 실제로 교회가 어떤 집단인지에 대해서는 큰 관심이 없다. 그들에게 중요한 것은 교회가 가지고 있는 '이미지'이다.

64년 로마에서 발생한 대화재는 로마 시내의 절반가량을 파괴했고, 이로 인해 민심이 급격하게 악화되면서 당시 황제였던 젊은 네로(Nero)에게는 정치적 위기가 찾아왔다. 네로는 이 사태를 해결하고자 당시 제국 내의 골칫거리였던 기독교를 희생양으로 삼기로 결심한다. 네로의 계획은 음험했지만 어려울 것은 없었다. 이미 기독교에는 부정적인 이미지가 씌워져 있었기 때문이다. 네로는 그저 슬쩍 크리스천 쪽으로 대중들의 시선을 돌려놓는 것만으로도 자신의 목적을 달성할 수 있었다. 선동은 진실을 기반으로 시작되지 않는다. 다만, 이쪽에 있는 이미지를 저쪽으로 보내는 것으로부터 출발한다. 네로의 희생양화 전략은 매우 성공적이었다.

그렇다면 처음의 질문으로 다시 돌아가 보자. "기독교는 현재 어떤 사건인가?" 이 질문은 실제로 기독교가 어떤 종교이며 어떤 가치를 가지고 있는가에 대한 질문이 아니다. 2025년 대한민국에서 기독교는 어떻게 받아들여지고 있는가 하는 문제이다. 그리고 기독교가 어떤 사태나 어떤 사건으로 받아들여지고 있다면, 그렇게 받아들여지고 있는 이유가 무엇인지에 대한 질문이다. 이 질문에 대한 답을 내리기 위해 먼저 염두해야 할 점들이 몇 가지 있다.

가장 먼저 기억해야 할 점은 "기독교는 억울하다"라는 주장은 전술적인 측면에서는 거의 가치가 없다는 점이다. 이 말은 기독교가 억울하지 않다는 의미가 아니다. 다만, 이런 주장이 대중들의 생각을 바꾸는 데 거의 효과가 없다는 점을 지적하고 싶을 뿐이다. 또 어떤 분들은 기독교가 사회를 위해 기여하고 있는 여러 가지 지점들을 열거하면서 변호하고 싶은 마음이 들지도 모른다. 이런 시도가 무의미한 것은 아니지만, '이미지 정치'의 측면에서 본다면 기독교의 선한 영향력에 대해 이야기하는 것도 변증에는 별로 도움이 되지 않는다.

대중은 기독교가 사회에 어떤 긍정적인 기여를 하고 있는지에 대해 전혀 관심이 없다. "사실 기독교는 좋은 일을 많이 합니다"라는 말에 대해 사람들은 실제로 기독교가 좋은 일을 많이 하는지 아닌지 굳이 생각해 볼만큼의 관심이 없다는 것이다. 오히려 뻔하고 지루한 변명이라고 생각할 가능성이 높다. 또한 일부 대중들은 기독교가 사회에 긍정적으로 기여하는 바를 인정한다 하더라도 그 기여하는 바에 비해 오히려 해악이 더 크다는 생각을 가지고 있다.

따라서 억울하다는 호소나 기독교의 긍정적이고 선한 영향력을 열거하는 방식의 기독교 변증은 거의 효과가 없다는 사실을 인정해야 한다. 현재 기독교는 지루하고 뻔한 이야기를 반복하는, 말이 통하지 않는 종교라는 이미지로 통용되고 있다. 그리고 이러한 이미지는 각종 대중매체를 통해 재생산되고 확산되고 확고하게 자리를 잡는다. 우리는 기독교의 언어로는 거의 대화가 통하지 않는 거대한 바벨이라는 성에 던져져 있고, 그 속에서 답을 찾아야 한다. 기독교의 진리와 복음이 통용되기 위해서는 기독교가 가진 언어를 미디어라는 언어로 번역해야만 한다.

함께 생각해 봅시다

1. 현재 기독교에 대한 대중들의 생각이 어떤지에 대해 키워드를 한 가지씩 정해 보고 서로 의견을 나누어 봅시다.

2. 세상이 교회를 미워하는 이유에 대해 성경은 무엇이라고 교훈하고 있는지 이야기를 나누어 봅시다(요 15:18-27).

3. 복음에 대해 변론하기 위해 성경에 등장하는 인물 중 변호사를 한 사람 선정한다면, 어떤 인물이 가장 좋을지 생각해 보고 의견을 나누어 봅시다.

4
거대한 바벨탑 안에 던져진 기독교

바벨탑은 거대한 인간의 욕망덩어리였다. 서로 다른 욕망은 서로 다른 언어로 분화되었고, 그 대립은 하나가 되지 못한 채 나누어졌다. 서로 다른 언어로 제각기 서로 다른 욕망을 말하고 있기 때문에 바벨은 완성될 수 없는 구상으로 끝나고 만다. 하나님께서는 사람들이 마음껏 욕망하도록 잠시 그들을 슬쩍 방임하시는 것만으로도 이 거대한 탑이 멈출 것이라는 사실을 알고 계셨다. 물론 하나님께서는 조금 더 직접적이고 적극적인 방법을 사용하셨지만 말이다.

현재 기독교는 뜨거운 욕망이 휘몰아치는 현대사회 속에 던져져 있다. 그곳에서는 "진리가 하나가 아니다"라는 주장만이 유일한 진리로 간주되고 있기 때문에 아무리 기독교가 자신의 언어로 진리와 진실을 외쳐도 아무도 관심이 없다. 오히려 사람들은 기독교가 폐쇄적인 언어를 가진 음험한 집단이라는 이미지를 가지고 있다. 이러한 이미지는 미디어를 통해 구성된 것이기도 하지만, 미디어는 이미 사회적으로 통용되고 있는 이미지를 빌려 온 것에 불과하다. 이미지는 미디어와 대중을 빠르게 오가며 생산되고 강화되고 유포된다. 미디어에 의해 만들어진 이미지가 대중들에게 유포되면서 특정한 이미지가 더 강화되고, 이 유포 과정을 통해 대중들에게 자리 잡은 이미지를 다시 미디어가 활용하고 유포하면서 재강화가 이루어진다. 이 압도적인 속도에 비해 기독교는 느린 발걸음으로 숨을 헐떡거리며 그들을 따라잡기에 급급하다.

박찬욱 감독의 복수 3부작 중 하나인 〈친절한 금자씨〉(2005)와 우민호 감독의 〈파괴된 사나이〉(2010)는 오프닝 시퀀스(opening sequence)에서 노골적으로 기독교에 대한 불편한 기색을 드러낸다.

경주 여자 교도소에 수감 중인 금자(cast 이영애)는 교도소 안에서 '친절한 금자씨'라고 불릴 정도로 모범적으로 생활한다. 그녀를 전도했던 전도사(cast 김병옥)는 교우들과 함께 이제 곧 출소할 그녀를 초초한 마음으로 기다린다. 그리고 드디어 출소한 금자에게 다가가 측은한 표정을 지으면서 두부를 건네준다. 전도사는 덕담과 함께 "다시는 죄를 짓지 말라"라고 말하면서 두부를 먹는 이유에 대해 설명하지만, 금자는 싸늘한 표정으로 전도사가 건네는 두부 접시를 손가락으로 툭 쳐서 떨어트려 버린다.

그릇이 땅에 떨어지는 귀를 자극하는 날카로운 소리가 짧게 지나가고 금자는 무미건조한 표정으로 커다란 선글라스를 쓰면서 "너나 잘하세요"라는 그 유명한 대사를 남긴다. 이 강렬한 오프닝 시퀀스는 기독교의 사랑과 용서, 회개와 같은 전통적인 가르침을 뒤집어엎는다.

교회가 과연 죄에 대해 지적할 자격을 갖추었는지를 돌아보라는 말이다. 교회 세습, 논문 표절, 헌금 유용, 성폭력, 사기 등으로 얼룩져 있는 교회의 문제들이 연일 대중매체에 오르내리고 있다. 그러면서도 다른 사람에게 회개를 하라니 기가 찰 노릇인 게다.

금자의 "너나 잘하세요"라는 말은 "네 눈 속에 있는 들보를 보지 못하면서 어찌하여 형제에게 말하기를 형제여 나로 네 눈 속에 있는 티를 빼게 하라 할 수 있느냐. 외식하는 자여, 먼저 네 눈 속에서 들보를 빼라. 그 후에야 네가 밝히 보고 형제의 눈 속에 있는 티를 빼리라"(눅 6:42)는 예수의 말씀을 세속적인 버전으로 번역한 셈이다. '내가 저지르는 죄는 죄가 아니고, 네가 저지르는 죄는 죄다'라는 자기기만적인 태도에 대한 신랄한 비판이다. 그러니 단발머리 전도사의 "다시는 죄를 짓지 말라"는 말에 당연히 "너나 잘하세요"라는 말이 나올 수밖에 없다.

영화 〈파괴된 사나이〉 주영수가 설교 도중 강단에서 내려와 욕설을 내뱉는 장면

우민호 감독의 〈파괴된 사나이〉는 여기서 한 걸음 더 나아간다. 신에 대한 흔들리지 않는 믿음을 가지고 살아온 목사 주영수(cast 김명민)는 5살 된 딸 혜린이를 잃어버린다. 경찰의 수사가 계속되지만 유괴된 딸은 결국 돌아오지 않는다. 결국 그는 주일날 교회 강단에서 "원수를 사랑하라"는 주제로 설교를 하다가 갑자기 설교를 멈추고 가운을 벗기 시작한다. 성도들은 너도나도 웅성거리기 시작한다. 그는 묵묵히 예배당의 중앙통로를 걸어 나와 십자가를 등지고 밖으로 향한다. 그의 등 뒤로 더 이상 십자가가 보이지 않게 되자 그는 한마디 말을 남기고 교회를 떠난다.

"좆 까고 있네."

십자가를 등지고 노골적으로 기독교의 화해와 용서를 조롱하는 이 대사는 크리스천의 입장에서 보면 엄청난 충격과 폭력으로 다가온다. 우민호 감독은 인터뷰를 통해 이 작품이 반기독교적인 작품이라기보다는 한 인물의 추락을 위한 상징적 장치일 뿐이라고 설명했지만, 크리스천들이라면 누구나 이 장면을 받아들일 수 없는 충격적인 오프닝 시퀀스로 여길 것이다. 주영수는 기독교의 화해와 용서에 대한 가르침이 현실의 폭력의 아픔을 해소하거나 해결하지 못하는 일종의 헛소리처럼 들린다고 노골적인 어조로 말한다.

금자와 영수의 언어는 날카롭다. 그들은 기독교의 화해와 용서를 더 이상 신뢰하지 않는다. 금자는 여전히 복수를 꿈꾸고, 영수는 목사라는 직업을 버리고 사채업자로 살아간다. 그들은 더 이상 용서하려고도 화해하려고도 하지 않는다. 십자가와 교회는 폭력 앞에서 지나치게 무기력하게 등장한다.

영화 속 화면에 등장하는 미장센(mise-en-scène)은 무의미하게 등장하지 않는다. 영화 〈도가니〉(2011) 속에서 아이들은 십자가가 걸려 있는 교무실에서 무자비하게 구타를 당한다. 교무실에는 다른 교사들도 있지만 폭력에 대해 무관심하다. 드라마 〈더 글로리〉(The Glory, 2022/2023)에서 주인공 동은(cast 송혜교)은 구원을 간절하게 바라지만, 부모도 교사도 그녀를 도와주지 않는다. 체육관의 살짝 열린 문틈으로 형상화된 십자가는 폭력의 공

영화 〈도가니〉 교무실에서 교사가 아동을 학대하는 장면

간을 무미건조하게 비출 뿐 피해자를 구원해 주지는 않는다. 오히려 피해자의 구원은 피해자들의 연대를 통해서만 드러나고 주장된다. 〈더 글로리〉는 〈친절한 금자씨〉와 같은 '복수 내러티브'를 기본으로 할 뿐 아니라 피해자들의 연대를 통한 심판을 강조한다는 점에서도 똑같다.

작품에 등장하는 십자가는 한결같이 침묵 속에서 무기력하다. 피해자들의 피해자성을 구원해 주지도 그렇다고 가해자들에게 정의를 실현하지도 않으며, 그저 그렇게 그 자리에 매달려 있을 뿐이다.

크리스천들은 부지런히 세상 가운데 죄 사함의 은혜와 구원

드라마 〈더 글로리〉 주인공 어린 문동은이 학대당했던 공간인
체육관과 십자가 도상(圖像)

의 길을 이야기하고 있지만, 기독교의 서사는 더 이상 매력적이
지 않은 것으로 간주되고 그저 낡아빠지고 무기력한 철 지난 이
야기처럼 여겨진다. 크리스천들이 현재 살아가고 있는 바벨에
서는 크리스천들의 언어가 통용되지 않는다. 번역되지 않거나
번역되지 못하는 언어에 대해 사람들은 관심이 없다. 이것이 바
로 2025년 크리스천들이 복음을 전해도 전도가 어려우며, 아무
리 기독교에게 씌워진 누명이 억울하다고 말해도 아무도 거들
떠보지 않는 이유이다.

함께 생각해 봅시다

1. 교회에서 일어나고 있는 문제들 중 가장 중요한 문제라고 생각되는 것을 3가지 순서대로 선정하고 그렇게 생각하는 이유에 대해 나누어 봅시다.

2. 이 시대에 우는 자들 중 우리가 함께 눈물을 흘려주어야 하는 사람은 누구인지 생각해 봅시다.

3. 아모스 5:24과 시편 85:10-11을 함께 읽고 하나님의 사랑과 정의에 대한 균형 잡힌 시각이 왜 중요한지에 대해서 생각해 봅시다. 만일 이 균형이 깨지면 어떤 일이 발생하게 되는지에 대해서도 실제 경험이 있다면 나누어 봅시다.

5
대중문화의 문법과
세속 세계의 비신화적 신화

　최근 '도파민 중독'이라는 단어가 유행하고 있다. 도파민 (dopamine)은 신경전달 물질 중 하나로 적절한 양이 분비되면 인 간에게 만족감과 성취감 등을 제공해 주기 때문에 삶에 긍정적 인 영향을 주지만, 지나치게 과도하면 강한 쾌락으로 인해 중독 현상을 일으키기도 한다. 반복적으로 강한 자극을 찾는다는 점 에서 마약 중독과 유사한 상태가 되기 때문에 쾌락을 제공하는 특정한 대상에 집착하게 된다.

　많은 사람의 시선을 사로잡아야 상업적인 성공을 거둘 수 있 는 대중매체의 문법은 당연히 의미와 진정성을 추구하기보다는 도파민 분출을 야기하는 흥미와 자극에 초점을 맞출 수밖에 없 다. 이런 대중문화의 문법을 이해해야만 영화와 드라마에서 묘 사되는 세계와 설정이 왜 대중의 흥미를 자극하는 방식으로 구상되는지 이해할 수 있게 된다.

본래 '신의 침묵', '신의 죽음'과 같은 주제들은 대단히 형이상학적인 문제이지만, 영화와 드라마는 이런 주제들을 흥미 위주로 재생산해내는 데 집중한다. 그래서 대중문화는 '유일신'의 이야기를 다루는 데 인색하다. 만일 신이 하나라면, 그 신에 대해 진술한다는 것은 매우 어려운 일이다. 여기에는 다른 상상력도 가능성도 발생하지 않는다. 유일한 신의 압도적인 능력 밖으로 아무리 뛰어난 인간도 뛰쳐나갈 수 없다. 다른 의견의 가능성은 사전에 검열되고, 반역적 사건은 일어나지 않는다. 상상력에 제한이 가해진다는 점에서 유일신이 존재하는 세계는 대중문화가 다루기에는 매력적인 소재가 아니다.

그래서 대중문화는 많은 신들이 공존하는 다신적인 세계를 선호한다. 신은 더 이상 완전한 존재가 아니다. 신들 사이에도 서로 다른 의견이 생겨나고, 이로 인해 다투기도 하고 화해하기도 하는 초인적인 존재들일뿐이다. 성경의 하나님께서는 인간과 결코 다투지 않지만, 다신론적인 세계에서의 신들은 심지어 인간과 경쟁하고 때로는 다투기도 한다. 제한적인 능력을 가지고 있는 이런 신들은 인간보다 탁월한 능력을 지닌 초인적인 영웅들에 가깝다. 엄밀히 말해 그곳은 신이 존재하는 세계가 아니라고까지 말할 수 있다.

그리스-로마 신화는 그 당시 사람들에게 마블 시네마틱 유니버스와 같이 세계를 해석하고 현실을 즐기는 하나의 콘텐츠였을지도 모른다. 이에 대해 폴 벤느(Paul Veyne)는 『그리스인들은 신화를 믿었는가? 구성적 상상력에 대한 에세이』에서 문맥에 따라 조금 상이한 주장을 펼치고 있긴 하지만, 그리스인들이 신화를 받아들이는 특정한 방식을 가지고 있었다고 지적한다. 그는 신화와 전설이 역사적 사건에 대한 집단적인 기억을 전달하는 과정에서 탄생한 것으로 보아야 하며, 따라서 그리스인들은 신화의 이야기 속에 어느 정도의 역사적 진실과 어느 정도의 소설적 거짓이 섞여 있다는 사실을 알고 있었을 것이라고 말한다. 이러한 방식은 오늘날 우리가 영화와 드라마를 소비하는 방식과 매우 유사하다.

우리는 아테나 신전에 가서 제사를 드리지는 않지만, 3D IMAX 영화관에서 영웅들의 이야기를 감상한다. 우리는 제우스의 신상을 집 안에 세워 두지는 않지만, 아이언맨 피규어를 책상 위에 세워두고 아이언맨 스마트폰 케이스를 사용한다. 우리는 아르테미스 신전에 가서 아름답게 해 달라고 기도하지는 않지만 강남의 성형외과를 찾아가 더 아름답게 만들어 달라고 요청한다. 그리스 신들의 조각으로 가득 찼던 로마의 거리와 각종 명품 브랜드관이 즐비한 강남의 풍경은 본질적으로는 크게 다르지 않을지도 모른다.

끊임없이 자극과 흥미를 찾아 방황하는 현대인들에게 영화와 드라마는 자극적인 소재와 설정으로 각종 이미지들을 생산하고 유포한다. 사람들은 이미지에 열광한다. 그것이 사실이 아니라는 점을 누구보다 더 잘 이해하고 있지만, 작품의 세계관 속으로 빠져들어가 연구하고 분석하면서 콘텐츠를 소비하고 즐긴다. 스스로 신의 존재를 믿지 않는다고 자부하는 무신론자들도 자신이 얼마나 신화적인 세계 가운데서 살아가고 있는지 자각하지 못한다.

작품에 대한 팬덤(fandom)이든 어떤 가수에 대한 팬덤이든 팬덤은 대상에 대한 '추앙'을 포함한다는 점에서 종교와 유사하다. 그들은 자신의 팬덤을 위해 스스로 지갑을 열어 소비라는 이름의 열렬한 헌금을 아끼지 않는다. 대중매체는 세속신앙을 먹고 성장하는 거대한 종교나 다름없다. 다만, 이 종교는 '신'을 신이라고 부르지 않을 뿐이다.

브라이언 왈쉬(Brian J. Walsh)와 실비아 키이즈마트(Sylvia C. Keesmaat)는 공저인 『제국과 천국』에서 오늘날 대중의 마음을 지배하는 신은 더 이상 신전을 요구하지 않는다고 말한다. 그들은 은밀하고 더 광범위하게 삶을 지배하고 대중의 마음을 빼앗는다. 흥미와 자극만이 이 종교의 유일한 교리이다. 빠르고 자극적인 이야기로 사람들의 도파민을 자극한다. 이 자극에 익숙해진 사람들은 느린 속도의 이야기에는 더 이상 반응하지 않는다. 그래서 기독교의 이야기에 더 이상 사람들은 관심을 갖지 않는다. 기독교의 이야기는 너무나도 거대하기 때문에 속도가 느리다. 하나님에 대한 진술은 인간의 언어로는 충분히 담을 수 없으며, 그분에 대한 이야기를 하기 위해 일주일에 단 한 번 30분이라는 설교 시간은 터무니없이 짧은 시간이다.

비신화화된 세계 속에서 살아가지만 실제로는 다른 이름의 신들에 대해 열광하면서 살아가는 현대문화 속에서 기독교는 이렇게 느린 이야기를 가지고 어떻게 살아남을 수 있을까? 어떻게 이 세대를 다른 신들을 향한 팬덤으로부터 유일한 길이요 진리요 생명이신 예수님께 열광하는 팬덤으로 변화시킬 수 있을까? 문제는 복음이 가진 이야기가 아니다. 문제는 그 이야기를 다루는 우리의 방식이며, 세상에 제압된 우리의 상상력이다.

함께 생각해 봅시다

1. 사람들이 영웅 서사에 열광하는 이유가 무엇인지 한번 생각해 봅시다.

2. 성경의 이야기들을 더 이상 매력적이지 않게 느끼는 원인에는 어떤 것들이 있는지 다양한 측면에서 탐색해 보고 의견을 나누어 봅시다.

3. 내가 가장 열광하는 세속적인 신은 무엇인지 생각해 봅시다.

⑥
상상력의 원천인 이야기

그동안 포스트모더니즘(postmodernism)은 기독교를 공격하는 이 시대의 정신으로 간주되어 왔다. 동성애 운동, 종교다원주의, 상대주의적인 윤리관 등 온갖 사악한 정신들이 포스트모더니즘이라는 정체불명의 뿌리로부터 기인했다는 주장은 기독교 내부에서는 거의 진리에 가까운 것으로 받아들여져 왔다. 프란시스 쉐퍼(Francis A. Schaeffer)는 이에 대해 "어디를 둘러봐도 이 새로운 방법론이 목을 조여 오는 것을 느낄 수 있다. 진리 개념에 대한 새로운 합의는 우리가 살고 있는 방을 전부 오염시킬 때까지 우리를 둘러싼다. 그러나 우리는 어떤 일이 일어났는지 거의 깨닫지 못하고 있다"라고 지적한다. 쉐퍼의 이러한 지적은 포스트모더니즘이 광범위하고 은밀한 영향력을 가지고 있다는 점을 보여준다.

현대의 정신이라 표현할 수 있는 포스트모더니즘은 대중들에게도 이제는 널리 알려진 단어지만 정작 이 단어에 대해 명확하게 정의하기란 여간 어려운 것이 아니다. 어떤 의미에서는 정의할 수 없다는 것이 포스트모더니즘의 가장 큰 특징이라고까지 표현할 수 있다. 이 단어를 철학적 개념으로 정의한 사람은 철학자 리오타르(Jean-François Lyotard)였다.

그는 퀘벡 주의 지원을 받아 작성한 '지식 보고서'에서 '포스트모던'이라는 개념에 대해 "거대 서사에 대한 불신"을 특징으로 한다고 정의한다. 여기서 거대 서사로 번역된 'grand reçits'는 좀 더 쉽게 번역하자면 '거대한 이야기들'이다. 따라서 포스트모더니즘은 거대한 이야기들에 대해 의구심과 회의감을 그 특징으로 한다. 여기까지만 본다면 기독교는 방어를 위해 거대한 방패를 들어야 할 것처럼 느껴진다. 인류 역사상 가장 거대한 이야기가 바로 '성경'이기 때문이다.

하지만 제임스 K.A. 스미스(James K.A. Smith)는 리오타르가 공격하고자 했던 대상은 삶의 원천으로서의 거대한 이야기들이 아니라고 말한다. 문제가 되는 것은 모든 이야기들을 과학적인 기준으로 판단하는 왕좌에 올라선 '과학 서사'라고 지적한다. "신이 천지를 창조했다는 말이 과학적으로 증명될 수 있어?"와 같은 질문으로 다른 가능성을 차단하고, '과학적'이라는 말을 지나치게 신봉하는 태도를 말한다. 하지만 이미 많은 철학자들이 과학마저도 그 근간에는 일종의 '믿음'이 자리 잡고 있다는 사실을 인정한다. 쿤(Thomas Kuhn), 가다머(Hans-Georg Gadamer), 데리다(Derrida Jacques)와 같은 철학자들은 객관적 합리성이 근대가 만들어 낸 신화에 불과하다고 지적한다.

그렇다고 해서 비과학적이고 비합리적인 주장을 무책임하게 펼쳐 놓아도 된다는 뜻은 아니다. 비과학적이라는 꼬리표를 달고 제압당해 있는 성경의 텍스트를 자유로운 상상력의 대상으로 삼아 새로운 이야기를 해야 한다는 의미이다. 여기서 또 하나 주의해야 할 점은 상상력이라는 것이 무제한적인 것이 아니라는 점이다. 상상력의 무제한성을 인정하는 순간, 텍스트의 한계점을 벗어나 이상한 주의나 사조로 변형될 위험이 있기 때문이다. 그래서 상상력은 언제나 위태로운 줄타기를 하게 된다. 그동안의 교회는 이 위태로움에 겁을 먹고 스스로를 제한적인 감옥에 가두어 버리고 말았다.

하지만 이제 교회는 스토리텔링을 자신의 본연의 임무로 삼아야 한다. 아테네가 지혜를 주고, 아르테미스가 아름다움을 보장하며, 헤르메스가 하늘을 날며 소식을 전하던 세계로부터 유튜브가 실용적인 지식을 주고, 성형외과가 현대적인 아름다움을 구현해 주며, SNS가 전 세계적으로 소식을 전하는 세계로 시대가 바뀌었지만 예수님의 이야기는 예나 지금이나 기존의 질서와 권력의 이미지를 깨고 죽음으로부터 삶을 해방하는 유일한 이야기이다. 만일 이야기하는 방식이 문제라면, 우리는 새로운 방식을 찾아야 한다. 유대인에게는 유대인에게 맞는 이야기 방식이 있고, 헬라인에게는 헬라인에게 맞는 이야기 방식이 있다. 2,000년 전에는 그 시대에 맞는 방식이 있고, 현대사회에는 현대사회에 맞는 방식이 있다. 이 시대에 적합한 이야기의 방식, 그것이 이 책이 탐색하고자 하는 이야기이다.

함께 생각해 봅시다

1. 예수님의 비유 속에 등장하는 이야기와 인물들이 만일 예수님이 어린 시절 실제로 목격했던 사건을 기반으로 하고 있다면, 과연 어떤 이야기와 인물들일지 상상해 보고 이 흥미로운 이야기를 나누어 봅시다.

2. 성경에서 가장 흥미로운 이야기를 하나 선택해서 영화로 만든다면, 어떤 배우를 캐스팅하고 어떤 장르의 영화를 구상할 것인지 생각해 봅시다.

3. 우리 교회에서 실천할 수 있는 구체적인 실행계획을 한번 구상해 봅시다.

PART 2
돈으로 갈 수 있는
디지털 천국

① 디지털 종교

사실 진보주의 역사관은 세계대전과 함께 막을 내린 구시대의 유물이나 다름이 없다. 과학기술의 발달과 함께 문명이 진보할 것이라는 믿음은 핵무기의 사용과 함께 끝이 났다. 행복한 미래를 열어 줄 것이라고 믿었던 과학기술이 인간의 삶 그 자체를 파괴할 수 있다는 사실은 사람들로 하여금 진보에 대한 회의, 인간성에 대한 절망, 문명으로부터의 탈출과 같은 생각들을 품게 만들었다.

변증법적인 과정을 통해 인간 이성이 모순을 넘어서 더 나은 합일에 이른다는 헤겔(Hegel)의 철학은 관념상에만 존재하는 것이었다. 형이상학적인 철학이 노래하는 진보의 이념은 세계대전으로 인해 황폐화된 문명 앞에서 더 이상 의미있는 해석을 제공해 주지 못했다. 이로 인해 진보에 대한 믿음은 '회의'로 대체되었고, '불안'과 '불신'이야말로 포스트모던 사회의 기본 정서로 자리 잡게 된다.

그런데 흥미롭게도 최근 비약적인 기술의 발달과 함께 다시 한번 진보에 대한 새로운 믿음이 등장했다. 이런 생각을 가장 잘 대변하는 사람이 바로 유발 하라리(Yuval Noah Harari)이다. 그는 자신의 저서인 『호모 데우스』(Homo Deus)에서 인간은 노화와 죽음이라는 문제에 도전하게 될 것이라고 전망한다.

> 성공은 야망을 낳는다. 인류는 지금까지 이룩한 성취를 딛고 더 과감한 목표를 향해 나아갈 것이다. 전례 없는 수준의 번영, 건강, 평화를 얻은 인류의 다음 목표는, 과거의 기록과 현재의 가치들을 고려할 때, 불멸, 행복, 신성이 될 것이다. 굶주림, 질병, 폭력으로 인한 사망률을 줄인 다음에 할 일은 노화와 죽음 그 자체를 극복하는 것이다. 사람들을 극도의 비참함에서 구한 다음에 할 일은 그 사람들을 더 행복하게 만드는 것이다. 짐승 수준의 생존 투쟁에서 인류를 건져 올린 다음 할 일은 인류를 신으로 업그레이드하고, '호모 사피엔스'를 '호모 데우스'로 바꾸는 것이다(유발 하라리, 호모데우스, 39).

'데우스'라는 단어 자체가 '신'을 의미하는 단어이기 때문에 '호모 데우스'는 인간이 노화와 죽음을 넘어 신과 같은 존재가 된다는 의미를 가지고 있다. 모든 종교와 철학은 죽음이라는 문제를 가운데 두고 회전하고 있다고 말할 수 있는데, 이 죽음의 문제가 기술적으로 해결된다면 인간의 모든 문제가 최종적으로 해결되는 것이나 다름없다.

넷플릭스 오리지널 시리즈인 〈블랙 미러〉(Black Mirror)는 기술 사회의 다양한 국면과 이야기들을 담아내고 있는데, 그중에는 인간의 삶과 죽음, 천국과 지옥에 대한 새로운 이야기들이 포함되어 있다. 디지털로 구현된 지옥의 이야기나 천국의 이야기는 사실 먼 미래에 일어날 일이 아니라고 나는 생각한다. 우리의 생각보다 더 빠르게 선택의 순간이 다가오게 될 것이다. 우리가 어린 시절 불렀던 교회학교 찬양 중 "돈으로도 못 가요 하나님 나라, 믿음으로 가는 나라 하나님 나라"라는 가사가 있었다. 하지만 디지털 천국은 더 이상 믿음으로 가는 나라가 아니다. 그곳은 돈으로 충분히 갈 수 있는 나라다.

함께 생각해 봅시다

1. 최근 화두가 되고 있는 생성형 인공지능 이슈에 대한 생각들을 나누어 봅시다.

2. 생성형 인공지능을 교회에서 활용할 수 있는 방안이 있다면, 어떤 것이 있을지 상상해 봅시다.

3. 생성형 인공지능을 활용한 AI 목사가 하는 설교에 대해 어떻게 생각하는지 의견을 나누어 봅시다.

2
디지털 지옥
_ 화이트 크리스마스(Black Mirror 시즌2)

'디지털 지옥'이라는 단어는 다양한 상상력을 일으킨다. 현재 시즌7까지 공개된 〈블랙 미러〉는 다양한 형태의 디지털 지옥의 가능성을 탐색하는데, 그중에서도 시즌2의 '화이트 베어'(White Bear)는 기괴한 상상력을 보여준다.

기억을 잃고 깨어난 한 여인이 이유를 알 수 없는 공격을 받는다. 하지만 주변 사람들은 멀리서 휴대폰으로 그녀를 촬영하기만 할 뿐 아무도 도우려고 하는 사람이 없다. 총을 든 살인마에게 쫓기는 그녀는 살아남기 위해 도망치는 것 외에는 할 수 있는 것이 없다. 이 에피소드는 종반으로 들어가면서 이 이유를 알 수 없는 추격전에 감추어진 진실이 드러난다.

사람들에게 쫓기던 주인공은 사실 남자친구인 이안 래녹과 함께 어린아이를 유괴하여 잔인하게 살해하고 그 장면을 핸드

폰으로 촬영하여 유죄선고를 받은 죄수였던 것이다. 그녀는 자신이 저지른 죄에 대한 형벌로 반복적으로 기억이 삭제된 채 화이트베어 정의공원에서 피해자 역할을 수행하게 된 것이다. 이 에피소드는 '눈에는 눈, 이에는 이'라는 발상인 '콘트라파소'(contrapasso), 성서의 탈리오 법칙(lex talionis)을 디지털 기술로 완벽하게 구현한다.

'콘트라파소'는 지옥에서 받는 형벌이 현세에서 지은 죄에 대응된다는 발상이다. 이 작품은 제마이마가 살해당하는 장면을 촬영했던 여주인공 스킬래인에게 똑같은 방식의 형벌이 주어진다는 점에서 '콘트라파소'의 원칙을 성실하게 따른다. 섬뜩하긴 하지만 대중들이 납득할 만큼 정의롭다.

죽는 순간까지 본인이 타인에게 가해했던 방식 그대로, 피해자의 입장에서 반복적으로 고통을 당해야 한다는 점에서 그녀에게 이 공원은 죄의 형벌을 받는 지옥이나 다름이 없다. 영원히 죽지 않고 고통이 반복된다는 것이야말로 지옥의 가장 중요한 속성이기 때문이다. 하지만 '화이트 베어'속 여주인공은 여전히 신체성을 가지고 있기 때문에 디지털 기술을 활용한 지옥이라고 말할 수는 있겠지만, 여전히 디지털로 구현된 지옥이라고 말하는 데는 무리가 있다.

하지만 〈블랙 미러〉 시즌2 네 번째 에피소드인 '화이트 크리스마스'(White Christmas)는 흰색과 관련된 3가지 에피소드를 다루

드라마 〈블랙미러 시즌2_ 화이트 크리스마스〉 계란 모양에 갇힌 주인공

면서 완벽한 디지털 지옥의 가능성을 보여준다. 에피소드는 한 외딴 오두막에서 두 남자가 만나면서 시작된다. 이야기는 액자 식 구성으로 이루어져 있으며, 이야기 속에 이야기가 있는 구조 이다.

이 삼중 이야기는 기술을 이용한 지옥의 가능성을 다각도로 보여준다. 그중에서 가장 흥미로운 이야기는 스마트 하우스와 관련된 이야기이다. 우리는 인공지능이 빅데이터를 활용하여 나보다 더 나 자신의 취향을 정확하게 파악할 수 있다는 것을 안다. 넷플릭스에서 영화나 드라마를 추천해 주는 알고리즘이 나 유튜브에서 내가 좋아할 만한 영상들이 상위 페이지에 로딩

되는 것, 마켓 플랫폼의 다양한 상품들이 내 취향에 맞춰 알림으로 전달되는 것 등 우리의 취향에 대해 인공지능은 이미 많은 것을 알고 있다.

하지만 과연 나보다 더 나를 잘 알 수 있을까? 나와 똑같은 사람이 내가 좋아하는 정도의 굽기로 토스트를 만들어 주고, 내 취향에 맞는 커피를 내려 주며, 비어 있는 냉장고에 내가 좋아하는 음식들을 채워 준다면 얼마나 편리할까? 이러한 상상력을 기술을 기반으로 실현한 것이 바로 이 에피소드 속의 '쿠키'라는 장치이다. 쉽게 말하면 인간의 뇌를 복제하여 디지털 장치에 복사해 넣은 장치라고 할 수 있는데, 이때 복사된 디지털 정보는 스스로를 몸에서 추출된 '나'라고 생각한다. 손도 발도 없는 상태로 답답한 기기 속에 내 영혼이 영원히 갇혀 있다고 상상해 보라.

여자는 수술 후 깨어나지만 자신이 갇혀 있다는 사실을 알게 된다. 곧 한 남자가 나타나서 현실의 자신이 돈을 주고 자신의 의식을 복사했으며, 앞으로 복사된 여자는 현실의 자신을 위해서 스마트 홈 케어 서비스를 제공하는 일을 수행해야 한다고 지시한다. 하지만 여자는 자신을 이곳에서 꺼내서 다시 자기 자신의 몸으로 넣어 달라고 요구하면서 현실을 인정하지 않는다. 남자는 이런 일을 여러 번 겪어 보았다는 듯이 소리치는 그녀를 '음 소거'해 버리거나, 혹은 아무것도 없고 누구와도 대화할

관리자가 쿠키 속 시간을 빠르게 흐르도록 설정하는 장면

수 없는 백색의 방 속에 감금 상태로 그녀를 방치해 버린다. 간단한 버튼 조작 몇 번 만으로 방 속의 시간은 3주가 흐르게 설정할 수도, 6개월이 흐르도록 설정할 수도 있다. 현실의 시간은 몇 초에 불과하지만 '쿠키' 속의 시간은 설정한 값만큼 빠르게 지나간다. 처음에는 자신에게 주어진 상황을 거부하던 그녀도 이 디지털 지옥 속에서 "제발 할 일을 주세요"라고 외치게 된다. 결국 디지털 지옥 속의 그녀는 이제 묵묵히 현실의 자기 자신을 위해서 일하기 시작한다.

이 에피소드는 완벽한 디지털 지옥의 가능성을 시사한다. 지금까지는 인간이 인간을 영원히 벌할 수 없었다. 인간이 인간에게 내릴 수 있는 최대 형벌은 지금까지는 사형이라는 판결을 통해 이 땅에서의 생명을 소멸시키는 것으로 끝날 뿐 그 어떤 형벌에 대해서도 영원한 형벌을 부과하는 것은 불가능했다. 하지만 디지털 감옥으로 구현된 지옥에서는 영원한 형벌이 가능하다. 자신의 신체에서 복사된-존재는 스스로를 자기 자신이라고 생각한다는 점에서 전통적인 형이상학에서 말하는 '영혼'과 실용적인 측면에서는 다르지 않다. 그렇다면 이 복사된-존재를 디지털로 구현된 특정한 공간에 삽입한 후, 단테(Dante)의 『신곡』에 등장하는 지옥을 구현했다고 가정해 보자.

그리고 '복사된-존재로서의-자기 자신'이 디지털 감옥에서 영원히 고통을 받게 된다면, 이런 가능성은 우리가 전통적으로 생각하는 지옥과 크게 다르지 않다. 차이가 있다면 신체성이 거세되어 있다는 점 정도일 것이다.

인간은 영원한 지옥을 구현할 테크놀로지를 이제 곧 손에 넣게 될 것이고, 사법적인 시스템은 '무기징역'의 의미를 재고하게 될지도 모른다. 인간은 곧 영원한 징벌의 수단을 가지게 될 것이다.

만일 인간이 누군가를 영원히 징벌할 수단을 갖게 된다면, 그것은 정의의 시작일까 혹은 또 다른 폭력의 시작일까? 그리고 그 무서운 수단을 손에 쥔 자는 아마 '신'은 아닐 것이다. 이러한 세상은 상상만으로도 섬뜩한 세상이다.

오츠 스튜디오(Oats Studio)에서 온라인으로 공개된 닐 블롬캠프(Neill Blomkamp) 감독의 SF 단편영화 〈아담〉에서도 기술을 활용한 처벌의 수단이 등장한다. 종말 후의 세계를 배경으로 하는 작품으로 뇌만 남긴 채 온몸을 로봇으로 개조당해 도시 밖으로 추방된 주인공 아담의 이야기를 그려내고 있다. 자신의 선택이 아니라 형벌의 일종으로 육체가 제거된 채 로봇에 갇혔다는 설정은 또 다른 영원한 형벌의 가능성을 시사한다. 기술의 발전은 인간의 삶을 풍요롭게 만들 수 있지만, 반대로 인간의 삶 그 자체를 파괴하고 현재는 상상할 수도 없는 고통의 문제를 야기할 수도 있다는 사실을 우리는 깨달아야 한다.

함께 생각해 봅시다

1. 디지털 지옥이 정말로 구현이 가능하다면, 이 제도에 대해 찬성할 것인지 반대할 것인지에 대해 생각해 봅시다.

2. 사회자를 선정하고 발언 제한 시간과 발언 순서 등 기본 규칙을 정한 후, 찬성팀과 반대팀으로 나누어 모의 토론을 진행해 봅시다.

3. 디지털 지옥이 정의의 관점에 부합하는지에 대해 의견을 나누어 봅시다.

3
디지털 천국
_ 샌 주니페로(Black Mirror 시즌3)

앞선 상상이 조금 섬뜩했다고 너무 위축될 필요는 없다. 과학기술은 당신을 위해 디지털 천국도 준비하고 있기 때문이다. 〈블랙 미러〉시즌3 네 번째 에피소드인 '샌 주니페로'(San Junipero)는 1987년 샌 주니페로에서 요키와 켈리라는 두 여자가 만나면서 시작된다. 수줍고 자신감이 없는 요키와 자신만만한 켈리는 우연히 클럽에서 만나 하룻밤을 함께 보낸다.

하지만 샌 주니페로는 현실의 공간이 아니라 사람들의 의식을 서버에 업로드하여 새로운 삶을 살아가도록 하는 가상의 공간이었다. 2년 전에 죽은 켈리의 남편은 샌 주니페로에서의 삶을 거부했고, 켈리는 혼자 이곳에서 사람들을 만나며 지내 오고 있었다. 두 사람은 현실에서 실제로 만나기로 하는데 현실의 켈리는 누군가의 도움을 받지 않으면 거동이 힘들 정도의 노인이

드라마 〈블랙미러 시즌3_ 샌 주니페로〉
서버에 인간의 기억을 업로드하는 장면

었고, 요키는 움직일 수 없는 식물인간 상태였다. 요키는 스물한 살 때 가족들에게 자신이 동성애자라는 사실을 커밍아웃을 했지만, 가족의 거센 비난으로 인해 차를 몰고 나왔다가 사고를 당하게 되고, 이후 40년간을 병원에 누워 있었던 것이다.

영원히 샌 주니페로로 이주하여 살기 위한 최종적인 결정을 하기에 앞서 매주 주어지는 5시간의 무료 체험을 통해 요키는 켈리를 만날 수 있었다. 요키는 식물인간 상태에서 벗어나 자유롭게 살 수 있는 샌 주니페로로 건너가길 원했지만, 이를 위해서는 가족들의 동의가 필요했다. 하지만 요키의 가족은 신앙심을 이유로 동의하지 않았고, 그 탓에 요키는 식물인간 상태로

드라마 〈블랙미러 시즌3_ 샌 주니페로〉
업로드된 인간의 기억이 보관되어 있는 TCKR SYSTEMS 서버

오랜 시간 지내오고 있었다. 켈리는 요키를 위해 그녀의 남편이
되어 가족을 대신하여 샌 주니페로로 이전할 수 있는 동의권을
얻어낸다.

켈리의 도움으로 요키는 샌 주니페로에서 살아갈 수 있게 되
지만, 정작 켈리는 세상을 먼저 떠난 남편을 생각하면서 샌 주
니페로로 건너오길 망설인다. 그런 켈리에게 요키는 영원한 삶
을 앞에 두고 왜 죽음을 생각하느냐고 반문한다. 이 에피소드의
마지막은 두 사람이 함께 빨간 스포츠카를 타고 어디론가 떠나
는 것처럼 끝나지만, 다음 장면에서 감독의 시선은 샌 주니페로
의 섬뜩한 실체를 폭로한다.

그들의 영원한 삶은 실제로는 샌 주니페로를 관리하는 기업 TCKR이 제공하는 서버 안에 존재한다. 끝없이 펼쳐진 공간 속에서 반짝이는 불빛들은 마치 별빛처럼 보이지만, 실제로는 서버에 업로드된 각자의 천국을 살아가는 영혼들인 셈이다.

'샌 주니페로'는 다양한 논쟁적인 주제를 제시한다. 40년 동안이나 식물인간으로 살아가는 삶은 의미가 있는 것인가? 만일 인간이 천국을 '선택'할 수 있다면, 선택하지 않아야 할 이유는 무엇인가? '영원'이란 무엇인가? '영생'이란 무엇인가? '죽음'이란 무엇인가? 만일 유발 하라리가 주장하는 것처럼 인간이 자기 자신을 복제하는 알고리즘에 불과하다면, 디지털 천국에서 살아가는 삶이 왜 문제가 되는가?

두 여성이 버디 무비(buddy movie)의 형식으로 의미를 찾아가는 속에 동성애 코드가 담겨 있다는 점은 아마도 교회의 격렬한 찬반을 불러일으키겠지만, 사실 동성애 코드보다 더 중요한 문제는 인간의 '영혼'과 '구원'에 관한 것이다. 만일 디지털 천국에 업로드된 '복사된−존재'가 생전의 믿음을 버리고 불신을 선택한다면, 심판의 날에 그의 믿음은 어떤 판단을 받게 될 것인가? 디지털 천국을 선택하는 것은 과연 죄악인가? 그렇다면 미래에 존재하게 될 교회의 특성은 '샌 주니페로를 거부하는 사람들'이라는 특성으로 구분될 것인가?

디지털 천국의 가능성은 심각한 신학적 논쟁을 불러올 수 있다. 그리고 그런 교회의 논쟁과는 관련 없이 기술적으로는 이런 시대가 반드시 도래하게 될 것이다. 멀지 않은 시대에 다가올 새로운 천국에 대해 교회는 어떻게 답할 것인가?

여기서 모든 해답을 내리는 것은 내가 책을 쓰는 목적이 아니다. 그 질문에 대한 대답은 당신 스스로 찾아야 한다. 결국 샌 주니페로로 건너갈 것인가 하는 문제는 오로지 당신의 결정에 달려 있기 때문이다.

함께 생각해 봅시다

1. 디지털 천국에 대한 무료 이용권이 주어진다면 체험해 보겠습니까?

2. 이미 세상을 떠난 가족을 가상으로 구현된 공간이나 AR(증강현실)을 통해 만날 수 있다면, 실제로 삶과 윤리에 어떤 일들이 발생하게 될지에 대해 생각해 보고 의견을 나누어 봅시다.

3. 샌 주니페로를 새로운 선교지로 선정할 수 있을지 그 가능성에 대해 생각해 시 다.

4

디지털 천국에서의 욕망
_ 스트라이킹 바이퍼스(Black Mirror 시즌5)

그렇다면 디지털 천국에서의 삶은 행복하기만 할까? 자신이 원하는 시대에서 자신이 원하는 모습으로 영원히 즐길 수 있다면, 대부분의 사람들은 그것을 천국이라고 부를 것이다. 하지만 욕망의 충족과 일정한 자극이 행복의 조건이 된다면 문제가 발생하는데, 어떤 욕망이나 자극도 결국에는 점점 무뎌진다는 데 원인이 있다. 처음에는 자신이 원하는 시대에서 원하는 모습으로 살아가는 것이 즐거울 수 있지만, 그 시간이 영원히 늘어난다면 과연 그 시간은 권태로움에 가깝게 될까 혹은 지속적으로 행복한 상태에 머물게 될 것인가?

앞선 장에서 살펴본 '샌 주니페로'는 디지털 천국이 주는 무료와 권태로움에 지쳐 보다 자극적이고 원초적인 형태의 일탈을 즐기는 사람들을 보여준다. 그들은 현실의 삶과 같이 술도 마시고 클럽에서 춤도 추며, 사람들도 만나지만 더 강한 자극을 욕망하는 사람들은 어디에나 있기 마련이다. 그래서 일부는 '퀘그마이어'라는 클럽에서 변태적인 형태로 성욕을 해소하거나 피가 난무하는 파이트 클럽에서 도박을 하기도 한다.

디지털 천국은 인간의 욕망을 그대로 복사해 구현해 놓은 공간이므로 전통적인 종교에서 이야기하는 진리, 선함, 아름다움이 넘치는 공간과는 거리가 멀다. 오히려 신체성이 거세되어 있다는 점에서 더 욕망에 충실한 공간이 된다는 것이다.

〈블랙 미러〉 시즌5의 첫 번째 에피소드인 '스트라이킹 바이퍼스'(Striking Vipers)는 욕망에 충실한 가상공간에서 어떤 일들이 벌어지게 될지에 대한 상상력을 담고 있다. 대니와 칼은 룸메이트이자 절친한 친구 관계로 함께 비디오 격투 게임을 밤새도록 즐기곤 했다. 11년 후 대니는 아내인 테오와 단란한 가정을 이루었지만, 자신의 생일파티를 찾은 이웃집 여성의 신체에 자연스럽게 눈길을 빼앗기는 등 현재의 안정적인 자신의 삶에 대해 권태를 느끼고 있었다. 대니는 아이를 갖기 위해서 내키지 않는 성관계를 아내와 가져야 했고, 칼은 10살가량 젊은 애인과의 사이에서 세대 차이를 느끼면서 거리감을 가지게 된다.

연인이었던 데이지와 결별한 칼은 대니의 생일을 맞아 11년 전 함께 즐기던 '스트라이킹 바이퍼스'의 새로운 버전인 '스트라이킹 바이퍼스 X'를 선물로 전한다. 두 사람은 예전에 함께 게

임을 하던 옛 생각을 하면서 VR기기를 통해 게임에 접속하게
되는데, VR로 구현된 게임 속 캐릭터와 동기화되어 현실과 같
은 감각을 느끼게 된다. 실제로 상처를 입지는 않지만 실제와
같은 타격감을 느낄 수 있으며, 현실에서 가지고 있는 무릎 부
상과 같은 신체적인 결함으로 인한 제약 없이 게임 속 기술들을
구사하며 두 사람은 격렬하게 전투를 벌인다.

드라마 〈블랙미러 시즌5_ 스트라이킹 바이퍼스〉
두 주인공이 게임 속 남녀 캐릭터에 동기화된 상태에서 전투를 벌이는 장면

하지만 격렬한 전투를 벌이면서 몸싸움을 하던 중 두 사람은
충동적으로 키스를 나누게 되고, 서로 민망한 상황에서 황급하
게 게임을 종료하게 된다. 그러나 아내와 아들이 있음에도 불구
하고 안정적인 삶 속에서 권태로움을 느끼는 대니와 나이 차이

가 있는 연인과의 관계에서 어려움을 겪는 칼은 다시 게임에 접속하게 되고, 두 사람은 남성과 여성 캐릭터에 동기화된 상태로 성 관계를 맺게 된다.

여성 캐릭터에 동기화된 칼은 여성의 신체로 느끼는 성적 자극이 남성의 신체로 느끼는 것과 다르다고 말한다. 두 사람은 금단의 욕망에 이끌려 점점 더 게임에 빠져들게 되는데, 일상적인 현실의 삶에서는 반대로 권태로움이 증가한다. 대니는 게임의 자극에 빠져 결국 결혼기념일도 잊어버리게 되고 부부 사이에는 심각한 문제가 발생한다. 아내인 테오는 결혼 후 망가진 자신의 몸매 때문에 대니가 더 이상 자신의 신체에 매력을 느끼지 못한다고 생각하면서 자존심에 상처를 입게 되고, 남편의 외도를 의심한다. 칼은 연인과의 정상적인 성관계에서는 더 이상 자극을 느끼지 못하게 되면서 문제가 발생한다.

대니는 아내와의 관계 그리고 가정을 지키기 위해 더 이상 게임에 접속하지 않겠다고 다짐을 하지만, 칼은 단지 게임일 뿐 바람을 피우는 것도 아니기 때문에 아무 문제없다고 강변한다. 시간이 흘러 대니는 테오의 임신, 아들과의 행복한 시간 등 일상적인 삶을 살아가는 데 반해 칼은 자극을 잊지 못하고 일상적인 삶이 오히려 파괴되어 간다.

칼은 아무리 노력을 하고 다른 자극으로 해결해 보려고 해도 욕망이 채워지지 않는다. 다른 유저들과 성관계를 하고, 인간 형태가 아닌 북극곰 캐릭터와의 관계, 그룹 섹스와 같은 모든 자극적인 관계를 시도해 보았지만 대니와의 관계에서 느꼈던 자극을 찾지 못한다. 결국 마지막으로 한 번만 더 접속하자는 칼의 제안을 거절하지 못하고 대니는 다시 게임에 접속하게 된다.

스트라이킹 바이퍼스는 인간이 신체성이 거세된 가상의 공간에서 얼마나 빠르게 윤리의 한계를 거침없이 넘어 자신의 욕망에 몰두하게 되는지를 여실히 보여준다. 현실 세계의 삶과는 관계가 없기 때문에 무제한적인 욕망을 추구할 수 있고, 어떤 행위를 한다 해도 실제의 공간이 아닌 가상의 공간이므로 최소한의 윤리도 작동하지 않는다. 가상의 공간은 해방과 자유의 공간이라기보다 인간의 욕망이 전이되고 무제한적으로 분출되는 공간이 될 가능성이 높다. 인간의 욕망이 존재하는 한 그곳은 천국이라기보다는 또 다른 권력에 의해 지배되는 지옥에 가까운 곳이 될 것이다.

이러한 가상의 공간은 마크 오제(Marc Augé)의 '비장소(non-places)'개념으로도 생각해 볼 수 있다. 비장소는 장소와 유사하지만 사람들은 정주하지 않고 끊임없이 흘러가는 공간이다. 지하철역, 고속도로, 호텔 방, 비행기 등 사람들은 거의 소통하지 않고 오래 머물지 않는다. 이 호모 모빌리스(Homo mobilis, 모바일 기기를 이용해 얻은 정보를 생활 전반에 활용하는 인간)라고 부를 수 있는 비장소의 유목민들은 타자와 같은 공간에 머물고 있지만 고독하다. 이 고독이 자기 자신의 내부의 욕망으로 귀결되는 것은 너무나 손쉬운 선택이다. 천국은 기본적으로 인간의 욕망이 충족되는 곳이 아니다. 욕망을 충족시키는 공간은 천국이 아니라 지옥에 가깝다는 사실을 폭로하는 것이 바로 복음의 본질이다.

함께 생각해 봅시다

1. 디지털 공간에서 살인, 약탈, 강간, 대규모 전투와 같은 일들이 벌어진다면, 그것이 성경이 지적하는 죄악인지에 대해 생각해 보고 의견을 나누어 봅시다.

2. 디지털 천국에서 당신이 되어 보고 싶은 인물, 하고 싶은 일, 가 보고 싶은 장소 등이 있다면 생각해 봅시다.

3. 천국이 욕망을 이루어 주는 장소가 아니라면, 성경은 도대체 왜 천국이 아름답고 행복한 곳이라고 소개하고 있는지 그 이유에 대해 생각해 봅시다.

5

기계적 비인간 _
공각기동대와 사이버펑크: 엣지러너

천국과 지옥에 관한 이야기도 결국 인간의 존재 양식에 관한 이야기이므로 순전히 종교적인 이야기라고 말하기보다는 "인간이란 무엇인가?"라는 질문과 연결되어 있는 주제이기도 하다. 사실 모든 종교와 철학은 '인간'에 대한 논의를 배제하고서는 그 어떤 것도 불가능하다. 기술과 관련해서 다양한 방식으로 인간은 스스로를 보완할 수 있는데, 최근 일론 머스크(Elon Musk)가 설립한 스타트업인 뉴럴링크(Neuralink)는 뇌−컴퓨터 인터페이스(Brain−Computer Interface, BCI) 기술을 활용하여 사지 마비 환자가 체스 게임을 즐길 수 있도록 하는 실험에 성공하기도 했다. 인간의 부족한 신체와 능력을 인공적인 삽입물을 통해 적극적으로 보완할 수 있는 시대가 다가오고 있다.

다양한 SF 장르의 영화와 드라마에서는 인간의 기억을 네트워크에 업로드할 수도 있고, 다른 사람의 뇌를 해킹할 수도 있으며, 심지어 보관장치에 기억을 보관하다가 다른 육체에 삽입할 수도 있다. 신체 일부분을 개조하여 전투에 임하기도 하는데, 이러한 상상력은 〈공각기동대〉(Ghost in the Shell)에서 일찍이 등장한 바 있다. 최근 한국에서도 뛰어난 전투력을 지녔던 군인을 전투용 병기인 AI로 제작하는 내용을 담은 넷플릭스 오리지널 작품인 〈정이〉가 공개되기도 했다.

주로 사이버펑크(Cyberpunk) 장르에 속하는 작품들이 주를 이루며, 주인공은 전투에 특화된 인물인 경우가 대부분이다. 〈공각기동대〉의 주인공인 쿠사나기 모토코는 공안 9과의 소좌로 전방위 방첩수사, 공작 업무, 전뇌 관련 이상범죄 수사, 위험요소 억제 및 테러리스트 검거, 요인 경호와 같은 특수한 업무를 수행한다.

이를 위해 공안 9과는 소수의 특수한 인물로 구성되어 있으며, 전신 의체화한 사이보그가 다수를 이룬다. 여기서 '전뇌화'란, 뇌를 케이스 안에 밀봉하고 맨-머신 인터페이스라는 나노 컴퓨터 소자를 투입하여 전자 신호를 통해 의체라고 불리는 기계 몸체에 연결되도록 하는 것이다. 이를 통해 다양한 의체에 접속할 수 있게 된다. 문제는 어디까지가 자신이고 어디서부터 기계인지가 모호해지기 때문에 스스로를 인간이라고 착각하는 기계일 수 있다는 가능성이 정체성의 혼란을 야기하게 된다는 점이다.

하지만 쿠사나기는 본래의 뇌가 죽었다 하더라도 네트워크 상에 존재하는 자기 자신의 정체성이 중요한 것이지, 이 신호를 전달해 주는 시스템이 뇌세포의 전기적 현상이든 컴퓨터의 전자의 흐름이든 관계없다고 말하면서 인간을 정의해 줄 수 있는 것은 '고스트' 밖에 없다고 주장한다.

일단 〈공각기동대〉의 세계관에서는 일반적으로 사람이 자의식을 유지하기 위해서는 뇌와 척수의 일부까지는 존재해야 한다고 가정한다. 사람의 팔다리와 몸통은 기계로 교체할 수 있지만 중추신경계까지 침범하는 것에는 문제가 있다고 본다. 그러나 쿠사나기는 육체의 한계를 넘어 네트워크로 자신의 의식을 업로드함으로써 어디에나 존재하고 어떤 의체에도 접속할 수 있는 초인간적인 단계로 나아가게 된다.

〈사이버펑크: 엣지러너〉(Cyberpunk: Edgerunners)는 2077년을 배경으로 하는 세계관을 가지고 있다. 컴퓨터 기술의 발전으로 다양한 장치를 통해 몸과 신경계를 넷에 직접 연결하는 기술이 발전한다. 신체를 대체하는 기계 기술인 임플란트의 발전으로 인해 '사이버웨어'가 일반화되어 있으며, 사이버웨어에는 무기가 내장되는 경우도 있다. 신체 개조를 거듭하여 뇌와 신체 내부장기만 제외하고 전부 사이버웨어로 교체하는 것도 가능하다. 넷러너들은 해킹 기술을 통해 사이버웨어를 해킹하여 특정인을 살해하거나 다양한 정보들을 모으는 스파이 활동을 하기도 한다. 하지만 신체에 이식된 하드웨어와 부품, 소프트웨어로 인해 '사이버 사이코시스'(cyberpsychosis)가 발생할 수 있는데, 이는 일종의 정신병적인 장애로 무차별적으로 다른 사람을 공격하게 된다.

작품 자체는 사회의 가장자리(Edge)에서 용병 생활을 하는 주인공 데이비드와 루시, 그리고 동료인 용병들의 이야기를 담고 있다. 기계화된 신체와 부작용, 기술을 둘러싼 기업들의 내밀한 사정들이 앞으로 실제로 일어날 일을 미리 보는 것처럼 그럴듯한 핍진성을 지니고 있다. 특히 기계화의 부작용에 대한 설정은 무분별한 기계화에 대한 경계의 시선을 잘 보여준다고 할 수 있다.

영화 〈블레이드 러너〉(Blade Runner) 이후로 사이버펑크물에 등장하는 가장 중요한 화두인 "구성된 신체, 구성된 기억을 지닌 상황에서 참된 자신이란 무엇인가?"라는 질문은 다양한 SF물에서 재가공을 통해 반복되어 왔지만, 〈공각기동대〉는 이 질문에 대해 과감하게 답을 내리고 있다.

〈사이버펑크: 엣지러너〉가 펑키한 음악과 스타일리시한 연출을 보여준다면, 〈공각기동대〉는 가벼운 에피소드 위주의 TV판과는 다르게 영화판에서는 진지한 철학적 성찰이 두드러진다. 쿠사나기의 말처럼 만일 전자기적 신호가 생체 신호이든, 인위적 신호이든 관련 없다면 디지털화된 인간의 기억이야말로 인간을 인간

되게 만드는 핵심이며, 또한 만일 이러한 지점이 인정된다면 서버 속에 존재하는 0과 1의 연속체로서의 인간의 존재를 인정하게 되기 때문이다.

함께 생각해 봅시다

1. 만일 인간의 신체를 개조하는 것이 가능하다면, 어느 선까지 개조하는 것이 인간성을 잃지 않는 마지노선이라고 생각하는지 의견을 나누어 봅시다.

2. '통 속에 담겨 있는 뇌'에 관한 역설에 대해 알아보고, 우리는 왜 통 속에 담겨 있는 뇌가 아닌지에 대해 생각해 봅시다.

3. 나이가 들어가고 노화되어 간다는 것의 긍정적인 면에 대해서 한번 생각해 봅시다. 성경은 나이 들어가는 인간의 삶에 대해 무엇이라고 표현하고 있습니까?

6
호모 데우스 _ 얼터드 카본

디지털 천국과 디지털 지옥이 인간의 기억을 기계 장치에 업로드하는 것을 의미한다면, 반대로 특정한 신체에 인간의 정신을 다운로드할 수 있다는 상상은 무제한적으로 자기 복제를 할 수 있다는 점에서 신체를 지닌 영생이라고 할 수 있다. 넷플릭스 오리지널 작품인 〈얼터드 카본〉(Altered Carbon)은 인간의 신체가 끊임없이 다른 것으로 대체될 수 있는 세계를 배경으로 한다.

작품의 제목인 '얼터드 카본'은 번역하면 '뒤바뀐 탄소'라는 의미이다. '탄소'는 육체를 구성하는 기본구조이기 때문에 인간 존재의 토대가 되는 신체성이 해체되고, 신체를 교체할 수 있다는 설정을 제목에서도 엿볼 수 있다. 작품 내에서 인간은 자신의 기억을 '저장소'(stack)에 업로드할 수 있다. 아무리 육체가 파괴되어도 이 저장장치만 유지된다면 새로운 육체로 전이하거나 가상현실로 투입하는 것이 가능하다.

그래서 작품 내에서는 죽음도 두 종류로 구분되는데, 교체가 가능한 신체가 사망하는 'sleeve death'와 기억의 저장소까지 파괴되는 'real death'로 나뉜다. 인간은 '저장소'에 보관된 기억을 통해 다른 신체로 다운로드될 수 있는데, 성별, 인종, 연령을 다양하게 선택할 수 있다. 즉, 남성의 기억을 금발의 여성의 몸에 다운로드하여 여성으로서의 삶을 살아갈 수도 있으며, 동양인이 될 수도, 흑인이 될 수도, 어린 소년이나 소녀가 될 수도 있기 때문에 개인이 가진 생물학적인 특징은 더 이상 무의미한 세계라고 할 수 있다.

리처드 K. 모건(Richard Morgan)의 같은 제목의 소설을 바탕으로 제작된 이 작품은 주인공 타케시 코바치가 250년 만에 부활하여 탐정으로 사건을 수사하는 내용을 담고 있다. 이야기는 므두셀라[2] 중에서도 권력과 재력이 막강한 로런스 뱅크로프트(Laurens Bancroft)의 죽음으로부터 시작된다.

그는 원격 백업을 통해 이전의 기억이 저장된 상태로 새로운 육체 가운데 되살아나는 데 성공했지만, 백업 전 48시간의 기억이 삭제되어 있기 때문에 자신을 죽인 살해범이 누구인지 찾

---

2 성경에서 가장 오래 산 인물인 므두셀라의 이름으로부터 유래된 계급인 '므두셀라'는 엄청난 부로 자신의 신체를 교체하면서 수백 년을 살아온 존재로 귀족층에 해당한다. 그들은 주로 구름 위까지 솟아오른 초고층 빌딩에 거주하며, 지상인들과는 다른 색의 옷으로 자신들을 차별화한다. 작품 내에서는 자신들이 가진 영향력으로 법 위에 군림하는 계층으로 그려진다.

아내고자 다케시 코바치를 일시적으로 가석방한다. 사회 일각에서는 '죽은 자의 안식'을 위해 육체의 재투입을 반대하는 시위가 산발적으로 일어나고 있다.

앞선 장에서 다루었던 디지털 천국과 디지털 지옥이 네트워크나 가상공간을 기반으로 새로운 종교성을 창출하고 있다면, 본 단락에 등장하는 작품들은 인간의 신체를 교체 가능한 부품으로 간주하며, 신체의 교체를 통해 무한한 삶을 추구한다는 점에서 차이점을 가진다.

드라마 〈얼터드 카본〉 250년만에 깨어난 타케시 코바치

인간의 신체에 대한 개조와 변형은 아름다움을 추구하는 세태와 맞물려서 현재도 부분적으로 이루어지고 있다는 점에서 신체 자체가 소비의 대상이 되었다고도 볼 수 있다. 최근 국내에서 유행하고 있는 코드인 '회 · 빙 · 환' 중에서 '빙'에 해당하는

'빙의'도 어떤 의미에서는 다른 사람의 신체를 사용한다는 점에서 유사하다. 대표적으로는 〈재벌집 막내아들〉과 같은 작품이 회귀와 빙의를 동시에 활용한 작품이라고 할 수 있겠는데, 자신의 신체를 다른 신체로 갈아탈 수 있다는 설정에 있어서는 유사한 측면이 있다.

그렇다면 인간은 어떤 한계점까지 기계로 교체했을 때, 더 이상 인간이 아닌 기계가 되는 것일까? 인간의 신체를 개조 가능하다고 가정한다면, 51%의 선을 넘는 순간 인간은 더 이상 인간이 아니게 되는 것일까? 혹은 두뇌를 제외한 부분의 신체는 생존을 위해서라면 모두 교체를 허용해야 하는 것인가? 만일 그렇다면 두뇌의 모든 정보를 '저장소'에 업로드하는 것은 인간의 영혼을 추출하는 것과 어떤 차이를 지니는 것일까?

먼 미래에 일어날 일이라고 가정한다 하더라도 기독교는 이런 종류의 질문에 좀 더 관심을 가질 필요가 있다. 결국 이 문제는 "인간이란 무엇인가?"라는 본연의 질문과 맞물려 있기 때문이다.

리처드 도킨스(Richard Dawkins)가 말하는 것처럼 인간이 DNA를 다음 세대로 전달하는 일종의 '이기적인 유전자풀'에 불과하다면, 0과 1로 자기 자신을 환원하여 무한히 복제하는 것이야말로 정보 전달에 있어서는 유리한 진화론적 선택이 될 수 있을 것이다. 이런 관점에서 실제로 인간의 마음을 업로드하는 방법을 연구하는 다양한 버전들이 존재하는데, 그중 가장 최신 버전은 '인간 커넥톰 프로젝트'(human connectome project)라고 불린다. 이 프로젝트는 인간의 마음이란 뇌세포들끼리 주고받는 신경세포 연결망의 알고리즘에 불과하다는 것이다. 따라서 이 연결망을 완벽하게 밝혀낸다면 컴퓨터가 이해할 수 있는 방식인 수와 함수로 변환하여 인간의 마음을 컴퓨터에 업로드하는 것이 가능하다는 주장이다.

만일 인간에게 신체가 제거된다면, 영생을 살 수도 있으며 반복적으로 다른 신체에서 삶을 살아갈 수 있는 길이 열리게 될 것이다. 이는 유발 하라리가 지적했던 질병과 죽음을 넘어선 호모 데우스(Homo Deus)의 모습이라고 할 수 있다. 이제는 더 이상 신이 인간의 신체를 흙으로 빚어 숨결을 불어넣을 필요가 없다. 인간은 스스로 자기 신체를 빚어 그 안에 보관된 기억을 밀어 넣어 새 생명을 살아갈 수 있는 선악과를 손에 쥐고 있기 때문이다.

함께 생각해 봅시다

1. 신체 전이를 통해 이 땅에서 영원히 살아갈 수 있다면, 어떤 선택을 할 것인지에 대해 이야기를 나누어 봅시다.

2. 자신의 신체 중 가장 마음에 드는 부분을 선정하고, 그 이유에 대해 나누어 봅시다.

3. 인간의 신체마저 돈으로 사고파는 세상이 온다면, 어떤 문제가 발생하게 될 것인지에 대해 생각해 보고 나누어 봅시다. 또 성경은 이 문제에 대해 무엇이라고 말할까요??

⑦
욕망, 신체, 기술 그리고 복음

성경은 인간의 본질이 하나님의 형상과 모양을 반영한 존재라는 데 있다고 강조한다(창 1:26)[3]. 물론 본문에서 의미하는 '형상'과 '모양'이 무엇인지에 대해서는 학자들 간에 다양한 의견이 존재하기는 하나 인간의 특정한 한 국면을 지칭하는 것이라기보다는 온전한 하나의 존재로서의 인간이 반영하고 있는 근본적인 특질을 지칭하는 것이라는 점에 대해서는 분명하다. 인간의 영혼만이 본질적인 것이라는 주장은 성경의 관점이라기보다는 신플라톤주의적인 발상에 가깝다. 많은 크리스천들이 '영혼'에 대한 오해를 가지고 있다. 영화 〈사랑과 영혼〉에서 묘사하고 있는 것처럼 사람이 죽는 순간 자신의 신체와 똑같이 생긴 영혼이 몸으로부터 분리된다는 비성경적인 이미지가 바로 그것이

---

3 하나님이 이르시되 우리의 형상을 따라 우리의 모양대로 우리가 사람을 만들고……(창 1:26)

다. 이 순수한 영혼이 구원의 대상이고, 육체는 온갖 감각과 죄악으로 뒤범벅되어 있는 감옥과도 같은 것이라는 관점은 결코 성경적인 것이 아니다. '영혼'에 대한 비성경적인 오해를 바로잡아야 한다. 영혼은 신체와 비교하여 더 고상한 것도 더 우월한 것도 아니다.

헤르만 바빙크(Herman Bavinck)는 "하나님의 형상은 사람을 동물과 천사 모두와 구별 지어 준다. 동물 및 천사와 공통적인 특성들을 지니기도 하지만, 사람은 자신의 고유한 본성을 지니고 있다는 점에서 그것들과는 다른 것이다"라고 말한다. 만일 인간이 지닌 하나님의 형상이 천사와도 구별되는 인간만의 고유한 특질이라면 순수한 영적인 존재인 천사와 구별되는 인간만의 특징이란 무엇인가?

오히려 신학적 진술은 인간의 신체성에 주목하도록 만든다. 창조의 명령인 "땅에 충만하라"(창 1:28)는 명령은 결혼제도를 통한 성적인 관계에서의 인류의 증가와 관련을 맺는다는 점에서도 유의미하다. 인간의 신체성은 인간의 영혼과 밀접한 관련을 맺고 있으며, 신체로부터 분리된 인간 본연의 존재성이란 별도로 존재하지 않는다고 할 수 있다.

각종 신체적인 장애를 극복하기 위한 기술로서의 임플란트는 보편적인 인류의 행복 증진을 위해서 긍정적으로 접근해야 하겠지만, 신체성 그 자체를 거세하고자 하는 시도에 대해서는 진지하게 고민해야 할 필요가 있다. 신체의 한계를 넘어설 때 인간은 욕망 그 자체에 전착하게 될 가능성이 높다. 가상공간에서의 소비는 일정한 전기 자극일 뿐, 현실 세계와 같이 제한된 물질적인 자원을 가지고 경쟁하는 것이 아니기 때문이다. 어떤 의미에서 현재 구축된 윤리 체계는 인간의 신체를 구속하고 제한하는 방식으로 작동하기 때문에, 신체에 대한 구속력이 약화되는 동시에 윤리의 한계도 손쉽게 넘어서게 되리라 상상하는 것은 어려운 일이 아니다.

기술로 인간의 신체적 한계를 넘어서고 디지털 공간에서 새로운 꿈을 꾸는 세계는 욕망의 세계일 뿐, 참다운 의미의 천국이라고 부를 수는 없을 것이다. 성경에서 말하는 천국은 인간의 욕망이 구현되는 공간이 아니다. 천국의 삶은 하나님의 통치 아래 있는 온전한 삶이다. 이곳에서는 인간은 더 이상 특정한 자원을 두고 다툴 필요도 없고, 건강을 위해 노력할 필요도 없으며, 다른 사람과 경쟁할 필요도 없다. 욕망은 사회적으로 구성된 것에 불과하기 때문에 사회적 욕망이 존재하지 않는 곳에는 개인적 욕망도 존재하지 않는다. 인간이 기술을 통해 꿈꾸는 천국은 행복과 희망이 넘치는 나라가 아니다.

1. 성경에서는 인간이 어떤 존재라고 말하고 있는지 창세기를 참고해서 생각해 봅시다.

2. 예수님의 부활 사건에서 신체는 어떤 중요성을 가지고 있는지에 대해 이야기를 나누어 봅시다.

3. '하나님의 통치'라는 단어를 들었을 때의 느낌에 대해 의견을 나누어 봅시다. 만일 이 단어에 대해 거부감이 느껴진다면, 그 이유가 어디에 있는지에 대해서도 생각해 봅시다.

PART 3
신은 더 이상 신이 아니며, 종교는 더 이상 종교가 아니다

①
선보다 선한 악(惡)

세계를 선과 악의 싸움터로 여기는 견해는 여러 종교에 뿌리를 내리고 있다. 대표적으로는 조로아스터(Zoroaster)의 가르침을 근간으로 하는 페르시아의 종교인 조로아스터교(Zoroastrianism)가 있는데, 균등한 힘을 가진 선한 신인 아후라 마즈다(Ahura-Mazda)와 악한 신인 앙그라 마인유(Angra-Mainyu)가 태초부터 공존해 왔다고 설명한다. 이 두 신은 힘에 있어서 동등하기 때문에 영원히 싸울 수밖에 없다. 선하다고 해서 반드시 승리하는 것이 아니라 영원한 힘의 균형 가운데 전쟁이 지속된다는 것이다.

이와 유사한 고전적인 형태의 이원론 중 하나는 마니교(Manichaeism)다. 마니교는 선으로부터 악이 나올 수 없고, 반대로 악으로부터 선이 나올 수 없다고 가정한다. 선은 악을 포함할 수 없고, 악은 선을 포함할 수 없으므로 양자는 각각 독립적으로 영원히 존재해야만 한다는 것이다.

영화와 드라마 속에는 작품의 갈등을 견인하고 긴장감을 불러일으키는 절대적인 힘을 가진 악이나 빌런이 등장하기 마련이다. 빌런이 존재하지 않으면 영웅도 존재하지 않는다. 악의 존재는 극에 권선징악의 기본 구조를 부여한다. 예를 들면, 반지의 제왕에 등장하는 악의 군주인 '사우론'이나 마블 유니버스의 '타노스'와 같은 캐릭터들이 바로 이런 역할을 한다. 악이 절대적인 능력을 가지면 가질수록 이에 대항하는 영웅의 캐릭터가 부각된다.

하지만 작가들은 조금 더 새롭고 매력적인 서사와 캐릭터 구축을 위해 의도적으로 선과 악이 공존하는 기묘한 캐릭터들을 창조하기도 하는데, 이는 전통적인 권선징악(勸善懲惡)의 구조와 캐릭터가 이제는 진부한 것으로 간주되기 때문이다. 그래서 아예 다크 히어로를 주인공으로 하는 작품들도 최근에는 많이 선보이고 있다.

2021년 큰 인기를 모았던 송중기 주연의 〈빈센조〉라든지 동명의 웹툰을 원작으로 하는 남주혁 주연의 〈비질란테〉와 같은 드라마가 다크 히어로 장르에 해당하며, 넷플릭스 오리지널 시리즈 중 마블의 〈퍼니셔〉(Punisher), 스파이더맨 유니버스의 〈베놈〉(Venom), 〈모비우스〉(Morbius) 등도 대표적인 다크 히어로 혹은 안티 히어로 계열에 속한다. 이들은 자기 자신만의 정의를 관철시키기 위해 폭력, 살인과 같은 범죄를 불사한다는 점에서 기존의 히어로들과는 다르다.

그런데 최근 여기서 한 발 더 나가 선과 악의 경계가 더 모호해지는 경향이 있다. 대표적으로는 소년점프의 만화를 원작으로 하는 애니메이션 〈체인소 맨〉(Chainsaw Man)과 〈주술회전〉이 있다.

후지모토 타츠키의 〈체인소 맨〉은 다크판타지 장르물로 주인공인 덴지가 악마와 합체하면서 가슴에 있는 줄을 당기면 악마로 변신하여 다른 악마들을 소탕하는 내용이다. 주요한 캐릭터들이 작품 초반에 무자비하게 사망하는 전개로 인해 큰 충격을 주기도 했는데, 일본의 소년점프의 주요한 작품 중 하나지만 대량 학살과 토막 난 인육들이 즐비한 묘사로 인해 호불호가 갈리는 작품이다.

이와 함께 2010년 이후 소년 점프를 이끌고 있는 또 다른 작품 중 하나가 바로 〈주술회전〉이다. 아쿠타미 게게의 원작을 기반으로 한 어반 판타지 작품으로 평범한 고교생인 이타도리 유지가 '주물'(呪物)인 양면 스쿠나의 손가락을 먹으면서 주령들과 전투를 벌이게 되는 이야기를 다룬다. 이런 작품들은 청소년들보다는 오히려 원나블 세대⁴인 20-30대가 열광한다는 특징을 지니고 있다.

---

4   소년점프의 대표작들인 '원피스, 나루토, 블리치'를 보면서 자라난 세대를 의미한다.

〈체인소 맨〉과 〈주술회전〉의 공통적인 문제는 자극적인 서사와 캐릭터 구축을 위해 선악의 경계를 모호하게 만들 뿐 아니라 선한 목적을 위해서라면 악을 수단으로 정당화한다는 점이다. 심지어 덴지는 인간적인 면이 결여되어 있을 뿐 아니라 경우에 따라서는 악마보다 더 악마 같은 모습을 보인다는 점에서 악과 싸우는 악마 그 자체라고도 말할 수 있다. 이런 설정들은 앞서 살펴본 "악에서는 선이 나올 수 없다"는 기본적인 구조조차 해체해 버리는 결과를 초래한다. 이 두 작품 속에서 "선은 충분히 선하지 않고, 악은 경우에 따라 선할 수도 있다"는 괴상한 주장이 은밀하게 반복되고 있다.

이러한 주장은 전통적인 신에 관한 진술인 '정의'를 무력화시키고, 신의 심판을 희화화한다. 신의 정의가 작동하지 않는 세계, 혹은 신이 침묵하고 있는 세계에서 인간은 스스로 정의를 지키기 위해 정당한 악을 선택할 권리가 있다고 그들은 말하는 듯하다. 목적을 위해서라면 악이라는 수단조차 정당화한다는 점에서도 윤리적으로 문제가 있다. 수단을 위해 악을 서슴없이 행하는 것에 대해 그것이야말로 선을 위한 악이 아닌 악 중의 악(惡)이라고 우리는 정의하기 때문이다.

함께 생각해 봅시다

1. 다크 히어로물이 유행하는 이유에 대해서 생각을 나누어 봅시다.

2. 롬 12:9–21을 읽고 선으로 악을 이긴다는 것이 실제 삶에서 어려운 이유에 대해 생각해 봅시다.

3. 크리스천으로 살아가면서 윤리적이고 착하게 살아야 한다고 강요받은 경우가 있다면 함께 나누어 봅시다. 이런 강요에 대해 적절하게 대처하는 방법은 무엇이 있을지 생각해 봅시다.

②
무기력한 신과 선한 악 _ 마이 데몬

"신이 충분히 선하지 않다"는 말은 사실은 신이 무능력하다는 것을 의미한다. 신이 충분히 선하지 않다는 말은 인간을 사랑하고 도울 충분한 의지를 가지고 있지만 실제로는 인간의 고통스러운 상황을 개선하거나 개입할 능력이 없다는 말이기 때문이다. 반대로 "악은 경우에 따라 선할 수도 있다"는 말은 악은 자신의 욕망을 따라 움직이지만, 그 욕망의 결과가 의외의 좋은 결과를 가져오기도 한다는 의미이다. 앞선 장에서 살펴본 바와 같이 선과 악에 대한 전통적인 구분을 희화화하고 이를 통해 새로운 캐릭터를 창조하는 것은 이제는 흔한 전략이다.

드라마 〈도깨비〉는 한국의 전설에 등장하는 '도깨비', '저승사자', '삼신' 등을 현대적인 배경에서 매력적인 캐릭터로 제시하여 전 세계적인 신드롬을 일으킨 바 있다. 회·빙·환 중에서 환생과 연관되어 있는 이 작품은 전설 속의 낯선 존재들을 친숙한 존재로 재맥락화하는 데 성공했다. 이전 시대의 어르신들이 '저승사자'라는 단어를 들을 때 떠올리는 이미지가 〈전설의 고향〉에 등장하는 푸른 낯빛의 다크서클이 가득한 얼굴로 검은색 갓을 쓰고 검은색 한복을 입은 존재였다면, 지금 시대의 젊은 이들은 '저승사자'라는 단어를 들으면서 가장 먼저 배우 이동욱을 떠올린다. '저승사자'라는 단어가 가진 이미지가 특정한 내러티브를 통해 변이 된 것이다. 전통적인 서사를 현대적으로 재해석하는 작업은 분명히 매력적이고 흥미로운 작업임에 분명하지만, 문제는 그 과정에서 전통적인 '신'에 대한 이미지를 훼손한다는 점이다.

드라마 〈마이 데몬〉은 〈도깨비〉의 하위 호환이라고 할 수 있는데, 이미지를 둘러싼 권력 투쟁의 관점에서 본다면 훨씬 심각한 문제점을 지니고 있다. 이 작품은 단어 그대로 악마로 번역할 수 있는 '데몬'(demon)이라는 캐릭터를 등장시켜 전통적인 신의 이미지를 해체하고, 악마를 신화화한다.

〈체인소 맨〉이나 〈주술회전〉처럼 악마적인 특성을 지닌 인간이 아니라 반대로 인간적인 특징을 지닌 악마라는 점에 그 차이가 있다. 동명의 웹툰을 기반으로 만들어진 이 작품의 세계관에서 '데몬'은 오랜 시간 동안 신의 종으로 일을 하며, 간절한 사람들에게 영혼을 볼모로 소원을 들어주면서 살아온 존재로 그려진다. 흥미롭게도 작품 속에서 데몬의 이름은 '정구원'이다. 여주인공에게는 데몬이 자신의 삶에 유일한 구원이라는 점에서 '데몬'은 악마지만 구원을 베푸는 자라는 이중적인 의미를 담고 있다. 메피스토펠레스(Mephistopheles), 파우스트 전설에 등장하는 악마처럼 데몬이 인간에게 일시적이지만 구원을 제공해 줄 수 있다는 설정은 'demon'이라는 기표 안에 기독교의 메시아적인 이미지와 사단의 이미지를 혼합해 버린다. 작품 속에서 '데몬'은 본래 인간의 수호신이었지만 악마로 그 뜻이 변질되었다고 말한다. 우리가 가지고 있는 악마에 대한 이미지는 사실 잘못되었다는 은밀한 주장이다.

최근 드라마나 영화에서는 정치적 올바름(Political Correctness, PC)의 일환으로 신이 흑인, 아이, 여성의 모습으로 묘사되는 것이 하나의 트렌드이다. 전통적인 관점에서의 아버지로서의 신의 이미지를 해체하고 다른 해석의 가능성을 연다는 점에서는 긍정적인 효과가 있지만, 이러한 효과는 실제로는 미디어의 상업성에서 기인하는 것일 뿐 신에 대한 풍부한 해석학적 의도가 반영된 것이라고 보기는 어렵다. 〈마이 데몬〉 속의 신은 더러운 옷차림의 노숙자 여성(cast 차청화)으로 등장한다. 그가 쓰고 있는 빛바랜 모자 위에는 'good'이라는 글자가 적혀 있다. 하지만 중간의 알파벳 'o'자가 흐려지면서 'god'이라는 단어로 보이도록 연출하는 워드 플레이를 보여준다.

신이 남루한 옷차림으로 볼품없이 출현한다는 설정은 그 자체가 반기독교적인 것은 아니다. 그분은 그렇게 사람들이 기대하지 않는 마이너리티의 모습으로 우리 곁에 나타나실 수 있기 때문이다. 하지만 〈마이 데몬〉 속의 신은 모든 규칙을 정하는 존재이기는 하지만 모든 것을 알고 있는 전지한 존재도 아니고, 모든 것을 다할 수 있는 전능한 존재도 아니라는 것이 문제다.

드라마 〈마이 데몬〉 데몬으로 등장하는 남자 주인공의 피 묻은 손과 십자가 도상

오히려 정해진 운명을 강조하며, 정해진 비극에 대해서는 관여할 수 없다는 입장에서 본다면 이신론에 가깝다. 작품 속의 신은 데몬에게 내기에서 패배하여 "도박에는 소질이 없다"라는 조롱까지 받는다. 그리고 신과는 무관하게 운명은 우연과 노력에 의해 극복이 가능하다는 만화적인 내러티브로 작품은 결말로 향

한다. 작품 속 신은 선할지는 몰라도 지나치게 무기력하다.

극 중 도도희(cast 김유정)가 총에 맞는 장면에서 데몬인 정구원(cast 송강)은 빌립보서 4장 13절 "내게 능력 주시는 자 안에서 내가 모든 것을 할 수 있느니라"를 되뇐다. 성경 구절을 자의적으로 해석하고 끌어다 쓴다[5]는 점에서 보면 예수님을 시험했던 사탄이 성경을 편집적 관점에서 오독했던 바로 그 방식을 되풀이하고 있기 때문에 흥미롭게도 꽤나 악마답다. 여주인공을 구하고 재로 사라지는 이 장면은 〈도깨비〉에 등장했던 장면의 반복이다.

손목에 그려진 십자가와 피 묻은 손은 그리스도의 구원을 희화화한다. 온 인류를 위해 대속했던 그리스도의 대속은 역사의 저편으로 사라지고 한 여자를 사랑하고 희생하는 데몬의 희생이 부각된다. 신의 구원은 무기력하고 무가치한 것으로 그려지는 반면, 매력적인 여인과의 로맨스라는 서사 안에서 데몬은 신화화된다. 그의 피 묻은 손을 보라.

기독교의 상징과 서사를 차용한 노골적인 이 작품에는 그렇다고 해서 대단한 감동이나 독창적인 상상력이 발휘된 것도 아니다. 10-20대 여성층의 전폭적인 지지를 받아 OTT 중심

---

5 빌립보서 4장 13절의 텍스트는 총에 맞아 죽어 가는 사람마저도 되살려 낼 수 있다는 식의 모든 것을 할 수 있다는 의미가 아니다. 의미의 맥락상 바울이 가난한 상태나 혹은 부요한 상태나 두 가지 모두가 어려운 것이지만, 능력 안에서 어디에 머물러도 복음 전파가 자신의 목표임을 잊지 않겠다는 다짐에 가깝다.

의 높은 화제성을 유지하면서 2024년 1월 27일 기준 마이데몬 (#mydemon) 해시태그 조회수는 무려 48억이며, 데몬 역을 맡았던 송강(#songkang)은 조회수 95억을 기록하기도 했다. 송강의 까칠한 차도남(차가운 도시 남자)의 이미지 전략이 유효했고, 그를 백마 탄 왕자로 기꺼이 받아들이겠다는 여성들의 관심도 충분했다. 다만, 이 이야기는 신데렐라의 또 다른 버전의 이야기일 뿐, 주인공의 이름과 다르게 여기서 구원을 찾는다는 것은 도무지 불가능한 일일 것이다.

함께 생각해 봅시다

1. 내가 이해하고 있는 하나님은 어떤 이미지인지 키워드를 하나 정한 후 서로의 생각을 나누어 봅시다.

2. 하나님께서 내 문제에 대해 무관심하다고 느껴본 경험이 있다면 한번 나누어 봅시다.

3. 하나님께서 내 삶의 문제를 해결해 주지 않으시는 이유에 대해 성경은 무엇이라고 말씀하는지 답을 찾아봅시다.

③
신은 인간의 추앙 속에서만 존재한다
_ 아메리칸 갓

　최근 신화 속 신들을 모티브로 하는 흥미로운 세계관을 가지고 있는 작품들이 많은데, 애니메이션 〈종말의 발키리〉(Record of Ragnarok)와 미국 드라마인 〈아메리칸 갓〉(American Gods) 등에서는 다양한 신들이 독특한 캐릭터를 가지고 등장하여 눈길을 끈다. 물론 이러한 드라마에 등장하는 신들은 초월적인 존재이기는 하지만, 그렇다고 해서 전능한 존재로 그려지지는 않는다.

　〈종말의 발키리〉는 동명의 만화를 기반으로 한 작품으로 원작은 우메무라 신야, 구성은 후쿠이 타쿠미, 작화는 아지치카가 담당했다. 인류의 멸망을 결정한 신들에 반대하여 발키리의 장녀인 브륀힐드가 신과 인간 진영의 대표자들이 일대일로 맞붙어 전투를 벌이는 최후의 전쟁 라그나로크(Ragnarok)를 제안한다. 로마-그리스의 신들뿐 아니라 인도의 신들, 북유럽 신화

속 신들 등 전 세계의 신들이 등장하며, 인간의 대표로는 인류의 아버지인 아담, 삼국시대의 무장인 여포 봉선, 검술사 사사키 코지로, 살인마 잭 더 리퍼, 진시황, 니콜라 테슬라 등 다양한 캐릭터들이 등장한다. 이 작품에서 신들은 인간 대표들과 치열하게 싸우며 이기기도 하고, 패배하기도 하는 등 신이라고 부르기에는 그 능력이 뛰어난 인간과 비교가 가능한 수준으로 등장한다.

다신론적 세계관은 영화와 드라마의 소재로 흥미롭게 다루어지고 있다. 서로 다른 문화권에 존재하는 신들이 한자리에 모인다는 것만으로도 문화적 충돌과 함께 흥미로운 상상력을 자극하기 때문이다. 소설과 웹툰으로 큰 인기를 모으고 있는 〈전지적 독자 시점〉의 경우 설화가 기본 단위가 되어서 더 많이 알려진 설화의 주인일수록 높은 신격을 지닌 신으로 등장하며, 신들은 특정한 인간을 자신의 화신으로 삼아 '스타 스트림'이라는 성간 단위의 방송을 통해 마치 TV쇼를 즐기듯 인간들이 시나리오를 공략하는 모습을 즐긴다. 다신적 세계관을 가진 작품은 많지만, 인간으로부터 추앙을 받으면 받을수록 신격이 높아진다는 설정은 상당히 흥미로운 지점이다.

이와 유사한 세계관을 가진 작품이 바로 〈아메리칸〉(American gods) 시리즈이다. 기본적인 설정은 닐 게이먼(Neil Gaiman)의 『신들의 전쟁』이라는 소설을 기반으로 하고 있는데, 고대의 신들과 현대의 신들이 전쟁을 벌인다는 이야기를 담고 있다.

마야의 신들, 북미의 인디언이 숭배하던 신들, 그리스의 신들, 영국 켈트족의 신들, 토르와 같은 북유럽의 신들, 슬라브족 신, 아프리카 토착신들, 인도와 불교의 신들, 심지어 기독교의 예수와 사탄도 신들의 하나로 등장한다. 신들이 모이는 바(bar)에서 예수를 비롯한 여러 신들이 술을 마시기도 하고 파티를 벌이기도 하는데, 그들은 인간들의 믿음에 기초하여 힘을 지니기 때문에 현대사회에서는 더 이상 아무도 믿지 않는 고대신들은 힘을 잃어 가고 있다.

그런데 오히려 현대에 새롭게 탄생한 신들인 미디어, 월드, 테크니컬 보이 등은 점점 힘을 얻어 가면서 고대신들을 밀어내기 시작한다. 결국 고대신들 중 하나인 웬스데이(오딘)가 전쟁을 선포하면서 벌어지는 이야기를 다루고 있다.

이러한 드라마들은 종교란 인간의 신념에 뿌리를 두고 있으며, 단지 구상된 이야기로서 사람들이 신뢰하고 있기 때문에 힘을 지니고 있는 것에 불과하다고 주장한다. 그리고 더 이상 신들이 지닌 이야기에 사람들이 관심을 갖지 않게 되는 순간 신들은 힘을 잃어버리고 사라지게 될 것이라는 기본적인 전제를 가지고 있다.

독특한 문화와 세계관을 지닌 다양한 신들이 등장하는 이야기는 매력적이기는 하지만, 진리와 신에 대한 탐색을 단순한 흥밋거리로 소비하도록 만들고 예수 그리스도를 수많은 이야기 중의 하나로 치환해 버린다. 예수는 더 이상 유일한 길과 진리와 생명의 근원이 아니다. 다른 신들에 비해서 그저 조금 더 유명한 신에 불과하다. 심지어 이 드라마에서는 예수가 한 명이 아니라 여러 명이 등장하는데, 흑인 예수, 아시아계 예수, 아기예수 등 사람들이 상상하는 모습이 다양하기 때문에 그 모습을 반영한 여러 명의 예수가 존재한다는 것이다. 이러한 설정은 유일한 하나님과 그의 유일한 아들 예수에 대한 노골적인 공격을 담고 있다. 다신적 세계관은 드라마라는 형태를 통해 오늘날 더 일반적인 형태의 이야기로 유포되고 있으며, 그 이야기는 지루하지 않고 흥미로운 패션의 옷을 입고 있다.

함께 생각해 봅시다

1. 최근 불교에 대한 젊은이들의 관심이 높아지고 있습니다. 그 이유에 대해서 한 번 생각해 봅시다.

2. 신들의 제단 앞에 가서 절을 하지는 않지만, 현재 나의 삶에서 예수 그리스도보다 더 추앙하는 우상이 있다면 그것이 무엇인지 생각해 봅시다.

3. 사람들이 우상을 추앙하는 이유가 무엇인지에 대해 생각해 봅시다.

④
기독교는 '거짓'에 기생한다 _ 메시아

세계의 어떤 곳에서는 종교로 인해 전쟁과 비극이 끊이지 않고 있지만, 세계의 또 다른 곳에서는 종교의 힘은 그 위세를 잃어 가고 있다. 종교와 신에 대한 이야기조차 쇼비즈니스의 관점에서 소비될 뿐이다. 그리고 쇼비즈니스에서 바라보는 신은 인간이 구상해 낸 커다란 이야기에 불과하다. 그동안 인간이 창조해 낸 다른 것들과 마찬가지로 구상해 냈다는 점에서 국가, 사회, 자본주의 시스템과도 별반 다르지 않다. 종교는 진리를 주장하지만 그 진리조차도 사회화된 믿음에 근거를 가지고 있으며, 구상되었다는 점에서 조작의 가능성이 있는 '거짓'에 가깝다.

유발 하라리는 이런 거대한 구상들의 토대에 있는 근본적인 '믿음'에 대해 지적하는데, 예컨대 화폐가 통용되는 이유는 한 사회 안에서 그것이 가치를 가진다는 공통의 믿음에 기반하고 있다는 것이다. 또한 국가는 국가라는 가상적인 이상을 통해 젊은이들로 하여금 자신의 생명을 내던지고 전쟁터로 향하도록 만든다고 지적한다. 결국 인간이 만들어 낸 대부분의 체제 아래에는 신념과 믿음이 자리 잡고 있다. 그렇지 않으면 체제는 조직화되지 않고, 작동하지도 않는다. 유발 하라리는 사피엔스(Sapiens)가 지구의 지배자가 될 수 있었던 근본적인 힘은 보이지 않는 것을 신뢰할 수 있는 능력 덕분에 다른 동물과는 다르게 협력할 수 있었기 때문이라고 말한다. 이런 관점에서 본다면, 종교도 결국 인간의 상상력이 만들어 낸 조직화의 일환에 불과하다.

드라마 〈메시아〉(MESSIAH)는 2020년 1월에 넷플릭스에서 공개되어 전 세계적인 논란을 일으켰다. 이스라엘과 팔레스타인 분쟁 사이에서 난민들을 이끄는 영적인 지도자 알 마시히(المسيح)라는 한 남자를 추적하는 CIA의 이야기를 다루는 작품으로 재림 예수를 표방한다.

알 마시히는 모래 폭풍을 일으키는 것처럼 보이기도 하고 처음 보는 사람의 이름과 과거를 알아맞힌다. 이스라엘 감옥에서 탈출하여 다음 날 텍사스에 나타나기도 하고, 총에 맞은 아이의 상처를 치유한다. 심지어 링컨 기념관 앞 호수에서 물 위를 걷는 기적을 보여주기도 한다. 하지만 CIA는 그가 일으킨 여러 기적들이 사실은 속임수에 불과하다고 믿는다. 드라마가 후반부로 가면서 그가 어린 시절부터 망상 장애를 앓고 있었으며, 마술을 배웠다는 동생의 증언이 등장하고 실제로 정신병원에 입원하여 '재림 예수 콤플렉스'라는 진단을 받기도 한다. 스릴러와 서스펜스의 요소가 큰 작품으로 작품 내에서 알 마시히의 정체는 모호하게 연출된다. 시즌2의 제작이 무산되면서 알 마시히의 정체가 밝혀지지 않은 채 작품이 종결되어 오히려 완벽한 서사가 되었다는 평가를 받기도 한다.

"재림한 예수를 우리가 어떻게 알아볼 수 있는가?"라는 질문과 함께 마지막 날 나타나게 될 적그리스도에 대해서도 생각해 볼 수 있도록 한다는 점에서 일련의 신학적 장점을 지니고 있다. 하지만 대중적인 관점에서 본다면, 알 마시히에 대한 합리적인 의심은 예수가 일으킨 기적에 대한 의구심과 회의로 연결된다.

과학이 발달한 현대사회에서도 각종 기술을 이용하여 신의 기적과 같이 사건을 연출하는 것이 가능하다면, 마술과 선동에 능숙한 누군가가 2,000년 전 기적처럼 보이는 사건을 연출해 내는 것도 불가능하지만은 않으리라는 생각을 하게 되는 것이다. 이 작품은 그동안 종교계의 반발을 의식하여 주로 가벼운 코미디 장르에서 다루어지던 주제를 스릴러와 서스펜스를 가미한 진중한 작품으로 다루었다는 점에서 그 특색이 있다.

영화 〈거짓말의 발명〉 모세와 같은 모습으로 피자판을 들고
신과 천국에 대해 이야기하는 주인공 마크

　전통적인 코미디의 관점에서 종교와 신에 대한 의문을 제
기하는 대표적인 작품으로는 〈거짓말의 발명〉(The Invention of
Lying, 2009)이 있다. 이 영화는 '거짓말'이 없는 세상을 배경으로
한다. 주인공인 마크(cast 리키 제바이스)는 연애도 일에도 실패를
거듭하는 루저로 밀린 월세를 해결하지 못하면 집에서 쫓겨날
위기에 놓여 있었다. 그런 그가 은행에서 돈을 인출하는 과정에
서 인류 최초로 '거짓말'을 하게 된다. 전 세계에서 혼자만 거짓
말을 할 수 있는 그는 '거짓말'을 통해서 큰돈을 벌게 된다. 그런
데 자신의 어머니가 위독하다는 소식을 듣고 병원을 찾은 그는
죽어 가는 어머니의 마음을 위로하기 위해 거짓말로 죽음 이후

에 또 다른 삶이 기다리고 있으며, 그곳은 너무 행복한 곳이라고 말한다.

어머니를 잃어버린 슬픔을 마주할 새도 없이 죽음 이후의 세계에 대한 그의 말을 들은 의사와 간호사가 이를 대중매체에 제보하면서 일은 걷잡을 수 없이 커지기 시작한다. 많은 사람들과 언론인들이 그의 집 앞에서 죽음 이후의 세계에 대한 비밀을 알고자 진을 치게 되는데, 그는 사람들을 위해 자신의 거짓말을 정리하여 2개의 피자판에 붙여 사람들 앞에서 하늘에 있는 한 남자와 죽음 이후의 삶에 대해 말하기 시작한다.[6]

로맨틱 코미디물에 해당하는 작품이지만 사실 이 작품에는 종교의 기원에 대한 신랄한 관점이 담겨 있다. 결국 종교란 죽음의 공포를 벗어나기 위해 만들어진 거짓말에 불과하며, 종교가 주장하는 내용들은 서로 모순되고 상충되는 거짓 진술로 가득하다는 말이다. 코미디 영화로 보기에는 매우 유쾌하고 흥미로운 작품이지만, 이 작품이 제기하고 있는 문제의식 자체는 가볍지 않다. 결국 이 영화가 말하고 싶은 것은 종교는 거짓에 기생한다는 주장이기 때문이다.

---

[6] 마크 밸리슨의 머리를 기르고 수염이 덥수룩한 모습이나 피자판을 들고 나온 모습 모두 성경의 예수님과 모세를 패러디한 모습이라는 사실은 영화를 보는 사람이라면 누구나 알 수 있다.

1. 성경 속에서 가장 믿기 힘든 이야기 Top 3를 선정한다면, 어떤 이야기를 선정할 수 있을지에 대해 생각해 보고 함께 나누어 봅시다.

2. 성경의 이야기가 거짓이 아니라고 확신하는 이유는 무엇인지 자신의 경험을 소개해 봅시다.

3. 거짓 선지자들인 이단에 대해서 어떻게 대처해야 하는지 성경에서 그 대응 방법에 대해 찾아 봅시다.

5
종교는 대중의 '공포'에 기생한다 _ 지옥

종교는 거짓에 불과하며, 사람들의 욕망이 투사된 기표(記表)에 불과하다는 주장은 심리학과 철학의 경계를 넘어 이제는 대중적으로 흔한 것이 되어 버리고 말았다. 나약한 사람들을 심리적으로 매혹시키고 때로는 마취함으로써 인생의 고통을 잠재우고 1차원적인 노예로 살아가도록 만드는 것이 종교라는 주장은 많은 사람들에게 설득력 있는 주장으로 받아들여지고 있다. 그리고 아편의 역할을 하는 종교는 언제나 권력과 공포의 문제와 연결된다.

2024년 2월 개봉한 〈듄: 파트2〉(Dune: Part Two)는 영화 〈듄〉(Dune, 2021)의 두 번째 작품으로 한 인간이 메시아로 등극하는 과정을 그려낸다. 스파이스라는 물질을 차지하기 위해 벌어지는 전쟁을 통해 드니 빌뇌브(Denis Villeneuve) 감독은 종교와 정치의 결탁을 문제로 삼는다. 듄은 10191년 미래 우주에서 황제로 인해 멸문당한

귀족 가문의 생존자인 폴(cast 티모시 살라메)이 사막 행성인 '아라키스'에서 원주민 반군인 프레멘의 지도자가 되어 복수에 나선다는 스토리를 담고 있다.

폴은 예언 속의 예지자인 '리산 알 가입'이자 구원자인 '마디'로 숭배된다. 그의 어머니인 레이디 제시카(cast 레베카 퍼거슨)는 폴이 자신이 속해 있는 제국의 실세인 '베네게세리트'가 유전자 교배를 통해 얻고자 했던 초월자 '퀴사츠 해더락'이라는 사실을 증명하기 위해 노력한다. 이 과정에서 폴은 "가진 게 없어서 공포를 무기로 쓸 수밖에 없었다"라고 말하기도 하는데, 이런 대사는 종교가 거짓과 공포로부터 출현한다는 메시지를 상징적으로 표현하는 것이다.

주로 종말론적인 상황을 묘사하는 작품에서는 종교적 열광주의자들이 거의 대부분 등장한다. 2024년 넷플릭스에서 공개한 〈삼체〉와 〈종말의 바보〉 등의 작품에서도 시시각각 다가오는 파멸적인 위협 속에서 종교적인 광신도들이 나타난다. 위협의 실체가 지구를 공격하고자 하는 외계인이든 혹은 한반도를 위협하는 혜성이든 관계없이 종교적인 열광주의자들은 대화가 통하지 않는 비합리적인 말과 행동으로 거의 언제나 사태를 악화시킨다. 이제는 거의 클리셰(cliché)[7]라고 부를 수 있을 만큼 전형적인

---

7 '클리셰'는 영화나 드라마 속에 등장하는 틀에 박힌 장면이나 캐릭터 설정 같은 것을 의미한다. 너무 뻔한 장면이나 진부한 내용 전개, 전형적인 캐릭터에 대해 부정적인 의미로 사용되는 개념이다.

설정과 캐릭터이다. 이 지긋지긋한 인간상을 보고 있노라면, 현실에서도 종교 생활을 하는 사람들에 대해서 색안경을 쓰고 볼 수밖에 없게 된다. 정도의 차이가 있을지언정 그 근본은 유사한 메커니즘으로 돌아간다고 대중들은 생각하기 때문이다.

최근 웹툰 〈송곳〉의 작가인 최규석과 연상호 감독이 함께 만든 넷플릭스 오리지널 작품인 〈지옥〉(Hellbound, 2021)은 "종교란 어떻게 출현하고, 어떻게 대중을 사로잡는가?"에 대한 질문을 담고 있다.

드라마 〈지옥〉 고지를 받은 인간을 심판하는 초자연적인 괴물

〈지옥〉은 어느 날 갑자기 나타난 괴물들의 출현과 함께 시작된다. 그들은 갑자기 나타나 주변의 건물이나 사물, 사람 등을

철저히 무시하고 심판의 고지를 받은 대상만을 집요하게 쫓는다. 건물의 벽이나 길거리의 자동차를 파괴하는 등 목표를 쫓기 위해서 맹목적으로 행동하며, 사람들 앞에서 심판의 대상에게 무자비한 폭력과 심판을 가한다. 〈지옥〉 속의 신은 초자연적인 폭력을 통해 심판을 전시하고 사람들 사이에 공포를 불러일으킨다. 신은 더 이상 자비롭거나 인내하지 않으며 '공포'라는 수단을 통해 인간을 통제하려고 하는 것처럼 보인다.

작품 내에 등장하는 '새진리회'는 일종의 '도덕종교'다. 도덕적인 삶과 심판을 연결하여 "인간은 더 정의로워야 한다"고 주장하며, 이것이 신이 인간에게 바라는 것이라고 말한다.

> "그 공포는 세상을 전보다 훨씬 더 정의롭게 만들 거예요. 그 공포가 세상 사람들을 죄에서부터 해방시킬 거예요."

사람들은 자유의지를 가지고 선택하는 것이 아니라 죽음의 공포에 내몰려 종교를 선택한다. 공포는 대중을 선동하기 위한 장치로 작용하며, 새진리회의 신도들은 합리성을 결여한 채 광신적이고 맹목적으로 행동한다. 이러한 묘사는 종교인들에 대한 노골적인 공격을 담고 있다. 종교인들이 신뢰하고 있는 교리의 밑바닥에는 "불신지옥"이라는 공포와 협박이 자리를 잡고 있고, 이런 공포감을 해결하기 위해 사람들은 더 열렬히 종교를 추종하게 된다는 것이다.

따라서 "예수천당, 불신지옥"이라는 피켓을 들고, 거리에서 전도하는 것은 더 이상 효과적인 방법이 아니라는 사실을 인정해야 한다. 복음을 향한 그 열정과 진지한 태도는 존경받을 만한 것이고, 의미 있는 신앙의 실천이다. 하지만 바울의 전략대로 유대인에게는 유대인의 방법을, 헬라인에게는 헬라인의 방법을[8], 현대인에게는 현대인의 방법을 사용해야 한다. 방법에 대한 진지한 성찰과 노력 없이 지난 시대의 방법을 답습하면서 "나는 전했으니 선택의 책임은 너에게 있다"라는 식의 태도는 더 이상 효과적이지 않다. 나그네의 옷을 벗기기 위해 태양과 구름이 했던 내기에서 누가 승리했는지를 떠올려 보는 것이 필요하다

함께 생각해 봅시다

1. 성경이 말하는 하나님의 성품과 드라마 〈지옥〉 속에 등장하는 신에 대한 묘사가 서로 다른 지점을 찾아 목록을 작성해 봅시다.

2. 오늘이 인생의 마지막 날이라면, 하루를 어떻게 보낼지에 대한 계획을 세워 보고 이에 대해 함께 나누어 봅시다.

3. 정통 교단에 비해 이단들이 전도에 열심인 이유에 대해 생각해 봅시다.

---

8 유대인들에게 내가 유대인과 같이 된 것은 유대인들을 얻고자 함이요… 율법 없는 자와 같이 된 것은 율법 없는 자들을 얻고자 함이라(고전 9:20–21).

6
종교는 인간의 '무지'에 기생한다 _ 카오스

2024년 추석을 앞두고 매우 흥미로운 영국 드라마 하나가 넷플릭스 오리지널 시리즈로 공개되었다. 〈카오스〉(KAOS)는 하나의 정치 드라마로도 하나의 신화로도 읽을 수 있는 매우 흥미로운 작품이며, 페미니즘의 관점으로도 종교적인 관점으로도 독해가 가능한 풍부하고 다층적인 측면을 지니고 있다.

드라마는 바위에 묶여 독수리에게 간을 쪼아 먹히는 형벌을 받고 있는 프로메테우스의 독백으로 시작된다. 프로메테우스는 제우스에 대한 거친 비난과 함께 그를 무너뜨릴 계획이 있는데, 이 계획에는 세 명의 인간과 예언이 관련되어 있다고 말한다. 여기서 재미있는 점은 그리스 신화를 상당히 현대적으로 각색하고 재해석하고 있다는 점이다. 그리스 신화를 살펴보면, 프로메테우스는 제우스와 권력 다툼을 벌이는 적대적인 관계로 등장하는데, 드라마 속에서도 프로메테우스는 제우스의 체제를 무너뜨리기 위한 계획을 설계하고 은밀하게 진행한다. 프로메테우스(Προμηθεύς)라는 이름 자체가 '먼저 생각하는 자', '선지자'라는 의미를 지니고 있기 때문에 제우스를 몰락시키기 위해 자신의 연인이었던 카론을 자기 손으로 살해해서 지옥의 강을 담당하는 관료로 일하도록 포석을 둔 것이나 제우스의 몰락을 위해 '예언'을 활용하고 있다는 점도 매우 흥미로운 설정이라 하겠다.

드라마 〈카오스〉 올림포스 대저택에서 명품으로 치장한 제우스와 그의 아내 헤라

한편. 제우스는 올림포스산에 있는 거대한 저택에서 수많은 하인들의 수발을 받으며 편안한 삶을 누리고 있다. 그는 롤렉스 시계를 차고, 구찌 트레이닝복을 즐겨 입는 모습으로 등장한다. 현재의 삶은 만족스럽지만 그런 제우스에게도 마음에 걸리는

예언이 하나 있었는데, 그 내용은 다음과 같다.

"선이 나타나고 질서가 쇠퇴하며, 가족은 몰락하고 혼돈이 지배하리라."

제우스를 기념하는 축제일에 과격분자들이 제우스의 기념비에 오물을 투척하는 신성모독을 저지르면서, 제우스는 불길한 예언이 이루어지기 시작한 것이 아닌가 하는 강박증에 시달리게 된다. 프로메테우스가 세운 이 은밀한 계획에는 에우리디케, 아드리아네, 카이네우스 세 사람이 연관되어 있었다. 세 사람이 각각 오르페우스 신화, 미노타우르스 신화, 카이네우스 신화의 이야기 구조 속에서 서로 다른 방식으로 제우스 체제가 가지고 있는 비밀에 접근하게 된다.

하지만 그중에서도 가장 메인 스토리를 담당하고 있는 것은 에우리디케의 이야기이다. 에우리디케는 원래 그리스 신화에서는 독사에게 물려 죽는 것으로 등장하지만, 드라마 속에서는 교통사고로 세상을 떠나게 된다. 에우리디케는 다른 망자들과 함께 지옥의 강인 스틱스강을 건너 환생을 위해 임시로 대기하는 장소인 지옥의 도시 '아스포델'에 도착한다. 다른 망자들은 환생을 위한 관문인 '프레임'을 무사히 통과해 새로운 인생을 시작하지만, 에우리디케는 죽은 자들이 환생하기 위해 치러야 할 대가인 금화를 남편인 오르페우스가 숨긴 탓에 이러지도 저러지도 못하는 일종의 행정보류 상태에 놓인다. 그리고 환생을 위해 지옥에서 200년 동안 노동을 해야 하는 처지에 놓이게 되고, 이 과정에서 카이네우스를 만나게 된다.

여러 가지 사건들이 겹치면서 지옥에는 이상 현상들이 발생하기 시작했고, 에우리디케와 카이네우스는 우연히 '프레임'이 환생을 위한 통로가 아니라 인간의 영혼을 추출해 내기 위한 장치임을 알게 된다. 그동안 사람들이 믿어왔던 환생 시스템은 사실은 제우스의 지배 체제를 유지하기 위한 거짓에 불과했다. 신들은 자신들의 불멸과 권능을 유지하기 위해 인간의 영혼을 추출하여 메안데르 물로 섭취하고 있었는데, 이 체제에 인간들을 복종시키기 위해 마치 환생이 있는 것처럼 거짓 종교를 신화를 통해 인간 사회에 유포하고 있었던 것이다. 에우리디케는 신들이 종교와 사회라는 시스템을 통해 인간을 속이고 있다는 사실을 폭로하기 위해 자신을 데리러 온 오르페우스를 따라 지상으로 향하게 된다.

시간이 지날수록 제우스는 강박과 초조, 불안의 상태에서 아내인 헤라와 동생인 포세이돈과 하데스, 아들인 디오니소스에게 강압적인 태도를 보이기 시작한다. 그러면서 자신이야말로 규칙, 법, 결속의 근간이며, 이 모든 것이 가족을 지키기 위한 일이라고 강변한다. 이런 점에서 드라마 속 제우스는 가부장적인 질서의 상징이며, 거짓과 기만으로 인간을 지배하는 인물이다. 거짓을 폭로하고 이 질서의 밖으로 향하는 인물들인 에우리디케와 아드리아네가 여성들이라는 점은 이러한 인물들이 신과 인간의 대립뿐 아니라 남성과 여성의 대립을 상징하는 이중적 구조를 가진 캐릭터라는 사실을 암시한다. 특히 오비디우스(Ovid)의 〈변신 이야기〉(Metamorphoses) 속에 등장하는 카이네우스는 원작에 의하면 포세이돈에게 강간을 당한 후에 여성에서 남성으로 성을 전환한 인물이라는 점에서도 가부장제를 중심으로 한 '신적 질서'가 얼마나 여성들에게 폭력적인 것인지를 폭로하는 인물이다.

드라마 〈카오스〉 속 여성들은 상당히 진취적이고 도전적인 캐릭터성을 가지고 있지만, 남성들은 체제에 복종하면서 체제가 가져다주는 기득권을 누리는 모습으로 묘사된다. 에우리디케의 남편인 오르페우스나 아드리아네의 아버지인 미노스 대통령은 철저하게 신의 은총을 신뢰하며, 그 질서를 따르는 인물들이다. 남편과 아내, 아버지와 딸이라는 가장 원초적인 관계로 묶여 있지만, 서로 다른 질서에 속해 있다는 점에서 이 관계는 파국으로 귀결된다.

오르페우스는 에우리디케와 이별하게 되고, 신들의 명령을 충실하게 수행했던 미노스는 자신의 딸인 아드리아네의 손에 의해 비극적인 최후를 맞이하게 된다. 드라마는 지속적으로 "제일 좋은 것들은 인간적인 것들이다", "인간적인 면이 너의 더 나은 점이다"라고 말하면서 신들의 지배를 벗어난 인간성에 대해 강조한다. 에우리디케, 아드리아네, 카이네우스는 동굴 밖을 벗어난 인물들이며, 그들은 이 체제가 유지하고자 하는 진실을 목격한 진리를 아는 자인 '프로메테우스'인 셈이다.

작품은 종교라는 시스템이 유지되는 이유가 인간의 무지와 맹목성에 있음을 지적한다. 종교란 특정 계층의 권력을 유지하기 위한 수단에 불과하며, 종교라는 일종의 '프레임'은 사람들이 필요로 하는 더 나은 미래가 기다리고 있다는 환각을 주입하여 짐을 나르는 짐승에게 과다적재를 견디게 하려고 투여하는 아편과 같은 역할을 한다.

인간적인 삶을 살기 위해서는 이 무지를 깨우치고 종교적인 질서 밖으로 나가야 한다. 드라마가 담고 있는 이러한 메시지는 상당히 니체(Niezche)적이다. 종교가 그동안 반복해 온 프레임은 인간의 자율성을 억압해 온 폭력에 불과하다는 것이다. 작품의 제목인 '카오스'는 본래는 무질서라는 의미로 부정적인 뉘앙스를 가지고 있지만, 작품의 내적인 논리구조를 참고한다면 카오스는 신들의 질서를 벗어난 '비질서'의 상태, 즉 인간 스스로 세운 긍정적인 질서를 의미한다.

문제는 종교가 사람들의 무지에 기생하고 있다는 이 주장이 상당히 도발적이지만, 대단히 강력하다는 점이다. 종교는 사회

체제를 유지하는 데 건전한 방식으로 이바지하지만, 다른 한편으로는 부정적인 방식으로 기득권을 대변하는 이데올로기로 작동하기도 해 왔다. 긍정적인 지점과 부정적인 지점이 공존하고 있기 때문에 여기서 중요한 것은 현재 한국 기독교가 젊은 이들에게 어떻게 받아들여지고 있는가 하는 점이 될 것이다. 만일 기독교가 기존 사회 질서를 유지하는 기득권 세력에 봉사하는 종교로 받아들여지고 있다면, 대중들이 가진 기독교인들에 대한 인식은 동굴 속에 갇혀 있는 무지한 사람들에 불과하게 된다.

물론 기독교인들의 입장에서 본다면, 정반대로 비크리스천들이야말로 동굴 속에 갇혀 진리를 보지 못하는 사람들이라고 주장할 것이다. 서로 다른 신념들이 충돌하면서, 서로가 서로에게 동굴 밖으로 나오라고 소리치고 있는 이 상황은 좀처럼 해결의 실마리를 찾기 힘들다. 여기서 기독교인들에게 요구되는 것은 상대방에게 동굴 밖으로 나오라고 소리치기보다는 먼저 자기 자신이 동굴 밖에 서 있는가를 점검하는 일이 될 것이다. 그래서 호세아는 스스로 하나님을 잘 알고 있다고 믿고 있는 이스라엘 백성들에게 이렇게 요구한다.

여호와를 알자 힘써 여호와를 알자(호 6:3)

1. 하나님에 대해 잘 알고 있다는 생각이 착각임을 깨달은 경험이 있다면, 함께 나누어 봅시다.

2. 기독교가 기득권 세력을 옹호하기보다는 사회를 유지하는 데 긍정적이고 건전한 영향력을 끼치고 있다는 점에 대해 논의해 봅시다.

3. 하나의 관점으로부터 벗어난다는 것이 또 다른 관점으로 옮겨가는 것에 불과하다는 점을 인정한다면, 자신이 가지고 있는 관점이 건전한 것인지를 어떻게 점검할 수 있는지 의견을 나누어 봅시다.

7

기독교는 인간을 착취한다
_ 기생수: 더 그레이

대중들의 노골적인 기독교에 대한 조롱은 주로 '십일조'에 집중되어 있고, 십일조를 통해 목사들이 자신의 부를 축적하는 수단으로 교회를 개인기업인 '주식회사 예수'처럼 운영한다고 비난한다. 김재환 감독은 자신의 다큐멘터리 영화인 〈쿼바디스〉(QUO VADIS)에서 대중적인 기독교에 대한 이미지를 담아 "그리스도의 몸 된 교회가 로마에 가서 제도가 되었고, 유럽에 가서 문화가 되었고, 미국으로 가서 기업이 되었고, 결국 한국으로 와서는 대기업이 되었다"라고 비판한다.

김재환 감독의 카메라는 대형교회의 건축 이야기로부터 시작하여 국내 굴지의 기독교 기업인 이랜드(E·land) 비정규직 노동자 문제, 대형교회의 성추행 사건, 한국 교회의 세습 문제, 건축을 위한 과도한 은행 대출 문제 등 한국 교회의 다양한 문제들을 적나라하게 드러낸다. 이쯤 되면 기독교는 희망을 노래하는 종교라기보다는 이미 게토화(특정 지역이 경제적, 사회적, 문화적으로 소외되고 고립되어 그 지역 주민들이 주류 사회와 단절되는 현상) 된 하나의 권력 집단이며, 자정능력을 상실한 것처럼 보인다.

대중의 눈에는 기독교가 이런 문제들에 대해서는 눈을 감고 더 큰 권력과 기득권을 누리기 위해 노력하는 세속화된 욕망을 가진 집단이며, 크리스천들은 그런 욕망에 봉사하는 눈먼 희생양들로 여겨진다. 조금 심하게 표현한다면 "비합리적이고 맹목적인 신앙에 세뇌된 아둔하고 불쌍한 사람들" 정도로 보인다는 것이다.

최근 2024년 넷플릭스 오리지널 시리즈로 공개된 〈기생수: 더 그레이〉는 원작인 〈기생수〉와 같은 세계관을 공유하는 별개의 작품으로 동명의 만화 원작이 가지고 있던 철학적이고 형이상학적인 측면을 축소하고 한국을 배경으로 액션을 가미한 전형적인 팝콘 무비에 해당한다. 그런데 〈기생수: 더 그레이〉가 원작과 비교하여 가장 크게 다른 점 중 하나가 바로 교회가 중요한 배경으로 등장한다는 점이다.

〈기생수〉의 원작 세계관은 기원을 알 수 없는 기생생물들이 하늘에서부터 떨어져 인간의 몸을 차지하고 인간을 잡아먹기 시작한다는 설정으로부터 출발한다. 처음에는 무분별하게 인간을 사냥하던 기생생물들은 인간의 반격을 받으면서 생존을 모

드라마 〈기생수 더 그레이〉 새진교회 외부

색하게 되고, 인간들과 대립하기보다는 인간사회를 학습하여 은밀하게 침투해야 한다는 사실을 깨닫게 된다. 그래서 무분별하게 인간을 사냥하고 잡아먹기보다는 지정된 장소인 '식당'을 마련하여 인간을 사냥해서 잡아먹고자 하는 계획을 세운다.

은밀하게 기생수들만 알아볼 수 있는 심벌마크를 사용하여 흩어진 기생수들을 '식당'으로 유입되도록 하는데, 여기서 등장하는 기생수들의 식당이 바로 한적한 시골에 위치한 '새진교회'이다. 한적한 농촌지역에 자리 잡은 새진교회 안에는 수많은 인간의 사체들이 저장되어 있고, 기생수들은 그곳에서 정기적인 회합을 가지고 있다. 그리고 이 기생수들을 이끄는 역할을 하는

기생수의 식당 심벌마크를 활용한
새진교회 앱

것이 바로 '목사'의 몸을 차지한 기생수이다. 하나의 집단으로
협력하기보다는 본능에 따라 행동하는 기생수들을 하나의 조직
으로 묶어서 통제하면서 서로를 보호하고 생존하도록 가르친
것이 바로 '목사'이다. 그는 새로운 세계로 기생수들을 인도하는
모세인 셈이다.

"우리는 그런 인간 몸에 기생하며 살아갈 수밖에 없는 존재입
니다. 하지만 저는 우리의 존재를 만든 것은 인간이라고 생각
하고 있습니다. 왜냐하면 인간은 우리와 무척 닮아있기 때문입
니다. 인간도 기생을 합니다. 인간은 조직이라는 거대한 존재에

기생을 합니다. 그리고 그 조직이라는 무형의 존재에 기생을 하며 그것을 위해 희생을 하고 자신의 생존과는 아무 상관없이 우리로서는 이해할 수 없는 일들을 벌이며 그것을 위해, 그 조직을 위해 충성합니다."

목사는 기생수들의 회합에서 인간에 대해 설명하면서 조직에 기생을 한다는 점에서 인간도 기생수와 다름없다고 주장한다. 이러한 주장은 인간에 대한 비판인 동시에 교회와 크리스천에 대한 비판이기도 하다. 크리스천들은 자신의 생존과는 아무 상관없는 일들을 벌이면서 교회를 위해 충성하지만, 그것은 도저히 이해할 수 없는 일이며 교회는 생존을 위해 만들어진 조직체계에 불과하다는 주장이 노골적으로 드러난다.

교회 내부에 쌓여 있는 사체들은 종교로 인해 사람들이 희생을 당하고 있다는 은유이다. 기독교는 희생자들을 자양분 삼아 자신들만의 왕국을 건설하려고 한다는 것이 비판의 핵심이다. 유발 하라리의 주장처럼 전체적인 속성을 지닌 집단은 차이를 가진 변종을 배제하기 위해 동일성을 강조하고 자신의 지배권을 확립하려고 한다. 집단 내부에서 집단의 동질성을 해체하는 주장을 하는 이질적인 존재들은 변종으로 여겨져 곧바로 제거된다. 건전한 비판의식을 가진 크리스천은 문제를 일으키는 성도로 간주되며, 소위 '교회의 덕을 세운다'라는 명목으로 침묵을 강요당한다. 마지막 전투 장면의 배경이 전쟁 기념관이라는 점은 교회와 세속의 대립이 화해와 공존을 이루지 못하고 끝없이 전쟁을 벌일 것임을 암시한다.

물론 이런 모습은 일부에 불과하다고 강변할지도 모른다. 하지만 앞서 이미 논의한 바와 같이 이미지 정치 상황에서의 교회가 실제로 어떠한가 하는 질문은 거의 무가치한 것에 가깝다. 실제로 어떤 상태인가 하는 지점에 대해서 논쟁하기 시작한다면, 크리스천과 일반 대중 사이에는 간격을 좁힐 수 없을 정도의 이견이 많다는 점을 확인할 수 있을 뿐이다. 사실 일반 대중들에게 이런 교회에 관한 이야기들은 가십거리에 불과하기 때문에 그것이 진실인지 거짓인지는 중요하지 않다. 그들에게 교회의 억울한 사정을 합리적으로 설명한다 해도 그들은 그저 변명거리로 여길 것이다.

함께 생각해 봅시다

1. 심각한 문제에 대해 자유로운 토론을 거쳐서 문제를 해결했던 사례를 성경에서 찾아봅시다.

2. 교회가 사랑의 공동체가 되기 위해 올바른 언어생활이 중요하다면, 실제로 어떤 규칙들이 필요할지에 대해 고민해 보고 목록을 작성해 봅시다.

3. 교회라는 조직에 충성할 때 어떤 일이 일어나게 되는지 생각해 보고, 만일 그런 경험이 있다면 서로 나누어 봅시다.

8

통제와 규율의 공간인 교회 _ 친절한 금자씨

코로나19 팬데믹은 지식과 권력과 육체의 관계를 명확하게 보여주는 사례였다. 통제할 수 없는 전염병의 확산 사태 속에서 국가는 필수 직종과 비필수 직종을 임의로 구분하여 통제했다. 출퇴근 시간마다 꽉꽉 들어차는 지하철을 이용해 출퇴근하는 것은 통제의 대상이 아니었지만, 음악회를 여는 것은 통제의 대상이 되었다. 모임의 종류와 숫자를 임의적으로 규격화하고 통제하려는 시도의 근간에는 과학지식이 자리 잡고 있었다. 푸코(Michel Foucault)는 이러한 지식의 총체를 '에피스테메'(episteme)라고 부른다.

에피스테메는 불변하는 진리가 아니라 일정한 시대 안에서만 통용되는 인식의 지평과 문화적 구조가 가능하도록 만드는 언설(言說)의 총체이다. 푸코가 비판하고자 했던 것 중 하나는 인간이 자신의 육체에 대한 통제 권한을 사회적 권력에게 빼앗기고, 보편적 지배를 받는 총체적인 감시 상태에 놓이게 되는 것이었다.

교도소, 병원, 군대, 공장, 학교 등은 자기 자신을 검열하고 스스로 규율에 복종하도록 만드는 규율의 거미집이다. 이 거대한 거미집 속에서 교사, 의사, 복지공무원과 같은 규범과 감시의 대변자들이 요구하는 규범의 보편적 지배 아래 신체가 놓이게 되는 것이다. 코로나19 팬데믹 기간 동안 시행된 집합금지 정책은 과학적 실효성이 입증되기도 전에 코로나19 확산이라는 공포심에 기대어 당연한 것으로 받아들여졌고, 공적인 장소에서 마스크를 착용하지 않는 행위에 대해 시민의식이 결여된 행동이라는 격렬한 비난이 들끓었다.

물론 여기서 말하고 싶은 것은 그렇다고 해서 마스크 착용이 질병 예방에 전혀 도움이 되지 않는다거나 공적인 장소에서 마스크를 착용하지 않을 자유가 있다고 주장하고자 하는 것이 아니다. 다만, 인간 스스로 규율과 통제 아래로 향하도록 만드는 은밀한 메커니즘에 대해 지적하고 싶은 것이다.

이런 측면에서 교도소는 인간의 신체를 통제함으로써 인간 교화라는 목적을 달성하고자 하는 가장 전형적이고 노골적인 규율과 훈육의 공간이다. 〈친절한 금자씨〉의 금자씨도, 〈마스크걸〉의 김모미도 교도소 안에서 길들여진다. 교도소 안의 규율은 재소자들 사이에서 통용되는 은밀한 규칙들과 교도소 소장으로 대표되는 공개적인 규칙들로 분화된다. 재소자들 사이에도 계급과 권력이 존재하며 특정한 세력권을 형성하여 약자들을 유린하거나 폭력을 행사하는 일도 다반사로 일어난다. 교도소 소장은 폐쇄적인 공간 속에서 거의 왕처럼 군림하면서 주로 독방에 감금하는 형태로 자신의 권력을 행사한다.

흥미로운 점은 이 통제와 훈육의 공간을 배경으로 등장하는 기독교에 대한 묘사이다. 기독교는 일종의 교도소의 감시와 처벌의 체제를 정당화하고 이 질서를 재소자들에게 내면화시키는 수단으로 활용된다. 교도소에 갇혀 있는 재소자들은 공적인 규율에 의해 죄인으로 규정된 사람들이다. 인간이라면 누구나 자신의 신체가 통제당하고 자유를 잃어버리는 것에 대해 불만을 가진다.

그것은 죄를 지은 인간이라 해도 마찬가지인데, 인간은 거의 언제나 자신의 행동에 대한 무의식적인 정당화를 통해 자신이 저지른 죄에 비해 처벌이 무겁다고 생각하기 마련이다. 그렇다면 국가는 어떻게 안전한 방법으로 소수의 교정직 공무원인 교도관이 다수의 재소자를 통제하도록 규율할 수 있을까? 그 비밀이 바로 죄인으로 하여금 스스로를 죄인이라고 인정하도록 만드는 것, 그리고 죄인임을 인정함으로써 부과된 벌칙을 받아들이도록 하는 데 있다.

〈친절한 금자씨〉의 오프닝 시퀀스에서 금자씨는 교소도야말로 기도하기에 가장 적합한 장소인데, 교도소에서는 우리 모두가 죄인임을 알기 때문이라고 말한다. 자기 자신이 처벌받아 마땅한 죄인이라는 사실을 내면화하고 받아들이는 과정을 통해 재소자는 교도소의 체제에 자발적으로 복종하게 된다. 기독교는 여기서 감시 체제를 정당화하는 이데올로기로 기능한다.

기독교의 복음이 그렇다는 것이 아니다. 국가가 기독교라는 종교가 가진 특성을 이런 방식으로 활용한다는 점을 지적하는 것이다. 종교가 재소자들을 길들이고 복종시키는 데 유효하다면, 국가는 교도소 내에서 일어나는 종교활동을 적극적으로 권장할 것이다.

드라마 〈마스크걸〉 희성교도소에 부임한 오애자 소장은 종교적인 구호를 내세운다

드라마 〈마스크걸〉에서 마스크걸인 김모미가 수감되어 있는 희성교도소에 새로운 소장으로 오애자가 취임한다. 오애자는 재소자들을 대상으로 자신이 가지고 있는 종교적인 신념을 숨기려고 하지 않고 오히려 노골적으로 종교적 질서를 강요한다. 그녀는 자신의 취임식에서 교도소 내에서는 "네"라는 답변을 사용하지 않고 무조건 "사랑합니다"라고 답변해야 한다는 새로운 규칙을 공표한다. '교도소장 같지 않고 무슨 사이비 교주 같다'라고 생각하지만, 재소자들은 교도소장이 지시하는 대로 서로에게 떨떠름한 표정으로 "사랑합니다"라는 인사를 반복하게 된다.

하지만 교도소장은 실제로 기독교의 가치를 구현하는 인물은 아니다. 교도소에는 대통령, 국방부 장관, 정치인, 재벌과 연결되어 있는 절대 권력자인 안은숙이 수감되어 있었고, 오애자는 안은숙과 함께 자신의 방에서 차를 나누어 마시며 아부를 떨면서 "언니"라고 부르는 등 자신의 욕망에 충실한 인물이다.

마스크걸에게 살해당한 자신의 아들인 주오남의 복수를 위해 김경자는 교도소 안에 있는 김모미에게 편지를 보낸다. "니년도 느껴 봐. 자식이 망가지는 기분을"이라는 경고의 편지를 받은 김모미는 김경자를 저지하기 위해 탈옥을 계획하지만, 곧 발각되어 독방에 갇히고 만다. 오애자는 자신이 그렇게 잘해 주었는데도 탈옥 시도가 있었다는 사실에 분노하면서 최대한 오래 독방에 수감시킬 것을 지시한다. 교도관이 최대 금치 기간이 2주라고 반론을 제기하지만, 오애자는 교도관에게 폭력을 행사하면서 사소한 트집을 잡아서라도 기간을 연장시키라고 지시한다. 그리고 탈옥 시도는 사탄에 홀린 사악한 행동이라고 규정하면서 독방에 감금된 상태의 김모미에게 성경책 한 권을 전달한다. 신체를 통제하면서 규율을 받아들이라는 강제성을 지닌 무자비한 폭력이 종교의 탈을 쓰고 자행되는 것이다.

독방에 감치 된 지 한 달이 지날 즈음 김모미의 행동에는 변화가 일어나기 시작한다. 독방에서 하루 종일 성경을 펼쳐놓고 기도를 하는 모습을 교도관으로부터 보고받은 오애자는 김모미가 변화되었다고 믿는다. 사악한 범죄자였던 김모미가 하나님의 자녀가 되었다는 사실을 전시하기 위해 재소자들 앞에서 간증을 시키고 객석에 앉은 오애자는 가장 열렬한 태도로 그런 김모미에게 박수를 보낸다. 물론 이 모든 것은 교도소에서 탈출하기 위한 김모미의 거짓 연기에 불과했다. 성경책은 결코 마스크걸을 변화시키지 못했다. 다만 겉모습을 흉내 내면서 마치 변화된 것처럼 느끼도록 연출했을 뿐이다. 가해자에게 복음은 폭력의 수단이고, 피해자에게 복음은 기만의 수단으로 활용된다.

영화 〈밀양〉에서도 기독교의 사랑과 화해의 요청은 피해자에게 또 다른 폭력을 가하는 것처럼 나타난다. 본래 복음이 의미하는 메시지를 맥락으로부터 분리하여 '복음'이라는 단어 속에 전혀 다른 의미를 삽입하는 방식으로 복음을 정치화한다. 교도소에서의 하나님의 말씀은 존재론적인 차원에서의 인간의 죄인 됨을 지적하기보다 규율과 감시를 정당화하기 위한 수단으로 활용된다. 로마서 3장 10절 "의인은 없나니 하나도 없으며"라는 말씀을 받아들이는 순간 교도소 내에서 작동하는 수직적인 위계 구조에 재소자는 스스로 복종하게 된다. 따라서 복수를 꿈꾸는 자들인 금자씨나 김모미는 결코 복음을 받아들일 수 없다. 복음을 받아들이는 순간 자신을 '죄인'으로 규정하는 체제에 종속되어 살아가야 하기 때문이다.

결국 복음의 질서 아래에 놓여 있는 것처럼 보이는 규율의 공간을 탈출하여 자신의 딸인 미모를 지키기 위해 김모미는 자신을 희생한다. 작품 어디에서도 기독교의 영향력은 드러나지 않는다. 김경자에게 기독교가 자신의 왜곡된 복수심을 정당화하는 수단이었다면, 오애자에게 기독교는 권력을 유지하기 위한 수단이었고, 김모미에게는 벗어나야 할 규율에 불과했다.

성경은 금자씨에게도 김모미에게도 "교훈과 책망과 바르게 함과 의로 교육"(딤후 3:16)하여 선한 일을 행할 능력을 갖추도록 하는 데 실패했다. 푸코의 관점에서 본다면 기독교는 권력이 생산해 낸 종교지식에 불과하고, 종교적 언술의 그물망으로 대중을 포착하여 스스로를 규율과 통제 아래 놓이도록 유도하는 사악한 '에피스테메'에 불과하다. 〈마스크걸〉은 종교란 사실은 체제 유지를 위한 이데올로기 중에 하나일 뿐이라는 은밀한 주장을 담고 있다. 사실 예수님이 가난한 과부의 두 렙돈까지 털어가는 종교 지도자들을 바라보면서 지적하셨던 것이 바로 이런 지점이었으리라. 과부로 하여금 스스로 규율에 복종하여 두 렙돈을 넣도록 만드는 규율을 생산해 내고 유포하는 종교 지도자들의 행위는 사악한 것이었다.

함께 생각해 봅시다

1. 하나님의 말씀에 순종하는 것이 괴로운 일이었던 경험이 있다면 함께 나누어 봅시다.

2. 종교가 수단으로 활용되었던 역사적 사례나 경험들이 있다면 찾아서 함께 나누어 봅시다.

3. 성경은 말씀에 대한 순종이 강요에 의한 것이 아닌 자발적인 것이어야 함을 강조합니다. 히브리서 10:1-10을 읽고 자발적 순종이란 어떤 것인지, 왜 자발적 순종이 중요한지에 대해 의견을 나누어 봅시다.

9

신은 공포스러운 존재인가

사실 종교가 사람들의 공포심에 기생한다는 주장은 새로운 것은 아니다. 종교학자 게라르두스 반 델 레에우(Gerardus van der Leeuw)는 종교경험에 있어서 '신'의 존재 이전에 경험하게 되는 '힘'에 대해 이야기한다. 인간에게 '신'은 낯선 존재인데, 그것을 느끼는 입장에서는 신은 그 존재 이전에 '강력한 힘'으로 포착된다. 그는 "종교는 사실 놀라움으로부터 시작된다"라고 말한다. 종교적인 감정이란 "일상적이 아닌 것, 특별히 강력한 것, 매우 드문 것, 혹은 눈에 뜨이게 큰 것에 대한 놀라움"이다. 인간은 추상적인 종교 이론이나 철학 개념이 만들어지기 이전에 이미 '강력한 자/것/곳' 앞에서 커다란 '힘'을 감지하고 이에 대해 이름을 붙여왔다.

신을 의미하는 로마인의 표현인 '누멘'(numen)이나 인도의 '브라흐만'(brahman)과 같은 단어들은 본래 비인격체적인 의미

의 단어였다. 오세아니아 종족인 멜라네시아(Melanesia)와 폴리
네시아(Polynesia)의 '마나'(mana), 마린드 아님(Mareind-Anim)족의
'데마'(dema), 수(Sioux) 인디언족의 '와칸다'(wakanda), 이로쿼이
(Iroquois)족의 '오렌다'(orenda) 등도 여기에 속하는 단어로, 이런
단어들은 공통적으로 '아주 강력하거나 크거나 오래되었거나
위험하거나 마력을 가지거나 초자연적이거나 신적인 것'을 나
타냈다. 게임에서 캐릭터가 마법을 사용할 수 있는 양을 결정하
는 '마나'라는 단어나 우리가 잘 알고 있는 마블 시네마틱 유니
버스(MCU)의 '와칸다' 왕국의 이름도 그 단어의 유래가 여기에
있다.

한편, 루돌프 오토(Rudolf Otto)는 '낯선 것'이 주는 두려움과
경이의 감정에 대해 이야기한다. '저 너머'(beyond)라는 개념은
모든 종교에 존재하는 비합리적인 요소로 극도의 긴장 상태
를 유발하며, 전혀 다른 존재의 출현은 두려움을 포함한 신비
로 다가온다고 주장한다. 따라서 종교가 사람들의 공포심에
기생한다는 말이 종교에 대한 부정적인 뉘앙스를 가지고 사
용되는 표현이기는 하지만, 종교학적으로 본다면 크게 틀린
말은 아니다.

심지어 성경에서조차도 하나님에 대한 진술이 '공포'를 포함
하고 있는 경우가 많다. 물론 "하나님은 사랑이시다"라는 진술
에 익숙한 한국의 크리스천들이라면 거의 들어본 적이 없는 이

야기이겠지만 말이다. 셈족어 '엘'(אל)은 '하나님'을 의미하는 단어이지만 '힘'이라는 의미로 사용되기도 한다. 창세기에서 라반이 도망친 야곱을 좇아오면서 "너를 '해칠 엘'(אל)이'(해할 만한 능력이) 내 손에 있으나"(창 31:29)라고 말한다. 여기서 '엘'은 일반적인 용법으로 사용되면서 '힘'이라는 의미를 가지고 있다. 욥기와 시편에 등장하는 신은 인간이 제압할 수 없는 괴물로 이해되는 '베헤모트'(Behemoth)와 '레비아단'(Leviathan)을 제압할 수 있는 '힘'으로 등장한다.

> 이제 소같이 풀을 먹는 베헤못을 볼지어다 내가 너를 지은 것 같이 그것도 지었느니라(욥기 40:15)
> 리워야단의 머리를 부수시고 그것을 사막에 사는 자에게 음식물로 주셨으며(시편 74:14)

여기서 신은 인간의 한계와 능력을 벗어난 절대적인 힘으로 현전(現傳)한다.

루돌프 오토가 성스러움의 본질적 감정이라고 이름 붙였던 '누미노제적 감정(das numinose Gefühl)'은 '완전히 다른 것'으로서의 종교적 감정이다. 여기서 완전히 다르다는 의미는 일상적인 두려움과는 질적으로 다른 '두려움'을 의미한다. '누미노제'는 절대적인 타자에 대해 느끼는 두렵지만 매혹적인 감정을 의미한다. 이것이 바로 '두려움'과 '경탄'이다.

오토는 구약성서에 전율스러운 종교적 두려움을 표현하는 구절들이 많음을 지적한다. 히브리어 '히크디쉬'(שהקדיש)는 종교적인 의미의 독특한 두려움의 뉘앙스를 가지고 있는 '성스러움'이라는 뜻이며, 구약성서에 등장하는 '야훼의 두려움'(ēmāt, מפחד)이란 말이 여기에 속한다. 오토는 누멘적 범주에서 두려움은 일반적인 두려움과 구분되는 것으로 내적 무서움으로 가득 찬 '공황적 공포'를 의미한다고 지적한다.

구약성서에는 압도적인 힘으로 드러나는 신의 현전에 대해 이스라엘 백성들이 '두려움'과 '떨림'으로 반응하는 텍스트들이 있다. 야곱은 벧엘에서 꿈을 꾼 후에 깨어나서 두려움을 느낀다. "이에 두려워하여 이르되 두렵도다 이곳이여 이것은 다름 아닌 하나님의 집이요 이는 하늘의 문이로다"(창 28:17)라고 반응한다. 또한 떨기나무 사이에 나타난 신을 대면한 모세도 "하나님 뵈옵기를 두려워하여"(출 3:6) 얼굴을 가렸다고 성서는 보도한다.

신명기에는 백성들이 "곧 네가 말하기를 내가 다시는 내 하나님 여호와의 음성을 듣지 않게 하시고 다시는 이 큰 불을 보지 않게 하소서 두렵건대 내가 죽을까 하나이다"(신 18:16)라고 두려움의 감정을 표출하는 대목이 등장한다. 또한 이사야서에서도 "만군의 여호와께서 우레와 지진과 큰 소리와 회오리바람과 폭풍과 맹렬한 불꽃으로 그들을 징벌하실 것인즉"(사 29:6)이라고 묘사하고 있다.

이런 여러 사항들을 고려했을 때, 종교가 인간의 공포와 맞닿아 있다는 주장은 그 의도가 어쨌든 일정한 진실을 내포하고 있다. 하지만 신을 공포라고 생각하는 것은 반쪽의 진실에 불과하다. 신은 공포인 동시에 사랑이기도 하기 때문이다. 신이 만일 정의롭기만 하면서도 인내심까지 없는 존재였다면, 심판의 날은 진작 도래했을 것이다. 신은 결코 공포로 인간을 다스리지 않는다. 그것이 바로 복음을 통해 드러난 하나님의 사랑이다 (요 3:16).

함께 생각해 봅시다

1. 여러분이 가장 무서워하는 대상은 무엇인지와 두려워하는 이유에 대해 자유롭게 생각해 보고 서로 나누어 봅시다.

2. 하나님을 두려워하는 것이 신앙생활에 어떤 유익을 주는지에 대해 생각해 봅시다.

3. 하나님께서 지으신 자연 만물을 보면서 경탄했던 경험이 있다면 서로 나누어 봅시다.

⊙ 이 단락의 내용에 대해 관심이 있다면, 아래의 책을 참고하세요.

  - 반 델 레에우. 손봉호·길희성 옮김. 『종교현상학 입문』. 서울: 분도, 1995.
  - 루돌프 오토. 길희성 옮김. 『성스러움의 의미』. 서울: 분도, 1987.

PART 4

탈기독교 시대의
베틀린 이미지

1
위선적인 기독교인 _ 수리남과 D.P. 2

우리나라에서 교회는 2,000년 기독교 역사 이래 가장 빠른 속도로 성장했고, 그 압축된 성장 기간에 비례하여 매우 빠른 속도로 쇠락해 가고 있다. 코로나 팬데믹 상황을 지나면서 기독교에 대한 대중의 인식은 그 어느 때보다 악화된 상태다. 하지만 돌이켜 보면 교회에 대한 인식은 이전부터 지속적으로 악화되어 왔다. 중·대형교회의 재정 비리, 그루밍과 성폭력, 설교 표절 의혹 등 최근 보도된 사건들만 보아도 교회는 건전한 윤리의식과 태도를 보여주는 데 사실상 실패했다고 할 수 있다.

교회 내부에서 일어난 여러 가지 불미스러운 사건으로 인해 기독교에 대한 대중의 정서는 최악인 상황이다. 대중들이 지닌 기독교에 대한 이미지는 기독교인들이 '바리새인'이라는 단어를 들을 때 떠올리는 바로 그 정서와 거의 일치한다. 크리스천들은 겉으로는 그 누구보다 착한 사람인 것처럼 말하지만, 뒤로는 온갖 지저분하기 짝이 없는 위선적인 행태를 부리는 사람들로 여겨진다.

이와 같은 크리스천에 대한 부정적인 인식은 영화와 드라마 속에 고스란히 투영된다. 그리고 이 과정에서 현실에서 빌려온 이미지는 미디어의 문법에 따라 더 비틀린 캐릭터로 구현된다. 미디어는 작품의 주제와는 관련 없는 캐릭터의 모든 일상을 세세하게 보여주지 않는다. 그 인물을 통해 스크린에서 보여주고자 하는 특정한 목표가 있고, 캐릭터는 그 목표를 위한 행동만을 드러낸다는 점에서 비틀린 인물은 현실보다 더 비틀린 형태로 나타난다. 물론 교회와 크리스천들 입장에서는 억울하다고 항변하겠지만, 교회 밖에서 바라보는 사람들은 작품 속 인물들의 모습이 그들이 실제로 알고 있는 크리스천들의 모습과 아주 유사하다고 느낀다.

2022년 전 세계를 달구었던 드라마 중 하나인 〈수리남〉은 실제 수리남(Republic of Suriname)에서 칼리 카르텔과 손잡고 마약 밀매조직을 만들었던 한국인 조봉행의 실화를 바탕으로 제작된 작품이다. 조봉행 역으로 등장하는 전요환(cast 황정민)의 극 중 직업은 목사이다. 그는 목사인 것처럼 행세하지만, 실제로는 돈을 위해서라면 마약 밀매에 살인도 불사하는 인물이다. 성찬식에 사용되는 포도주에 마약을 넣어 사람들을 중독자로 만들고, 여신도들을 마약 운반책으로 이용하는 등 그 행태는 악랄하기

드라마 〈수리남〉 목사인 것처럼 행세하는 전요한

짝이 없다. 자신의 말을 듣지 않는 부하들에 대해서는 "마귀 들렸냐?"는 질문으로 합리적인 대화를 차단하고 공포와 훈육으로 사람들을 무자비하게 가스라이팅한다.

다단계와 사기와 관련된 많은 영화나 드라마에서 사람들은 의심하면서도 사기에 빠지게 되는데, 이러한 측면은 사이비 종교와 매우 비슷한 측면이 있다. 전요환이라는 캐릭터의 비열하고 위선적인 성격을 부각하고자 부여된 설정인 목사라는 직업은 실제로는 시청자들에게 종교의 메커니즘과 마약에 중독되는 것이 매우 유사하다는 은밀한 메시지를 전달한다.

2023년 넷플릭스 오리지널 작품으로 공개된 〈D.P. 2〉에서 메인 빌런으로 등장하는 준장 구자운(cast 지진희) 역시 예배 시간에 꼬박꼬박 참석하는 인물이다. 하지만 자기를 제외한 다른 사람을 낮잡아 보며, 하급자를 한 사람의 인격으로 대우하지 않는다. 점잖은 모습으로 교회에 앉아 성경을 읽다가도 성경책을 집어던지거나 하급자를 폭행하는 이중적인 모습을 보인다. 군대라는 폐쇄적인 조직의 규율인 상명하복의 명령체계를 고려한다 해도 구자운이라는 인물이 보여주는 가치관은 기독교의 사랑과 정의, 그 어느 것과도 일치하지 않는다. 그는 계급이라는 권위를 빌어 사람을 수단으로 여기며, 사건을 은폐하려고 노력하는 위선적인 인물이다. 〈수리남〉의 전요환과 〈D.P. 2〉의 구자운은 기독교라는 종교의 외형을 가지고 있지만 실제로는 그 어떤 기독교의 가치도 구현하지 않는다.

이 위선적인 모습에 대해 크리스천들은 억울하다고 말하거나 분노하겠지만, 일반 대중들은 핍진성(verisimilitude)을 느낀다. '핍진성'이란, 이야기나 캐릭터가 그럴듯하게 느껴져서 독자들이 납득하는 정도를 의미하는 단어이다. 사람들은 드라마 속 전요환을 보면서 "내가 싫어하는 개독교인 A씨와 비슷한데…"라고 느낀다는 것이다. 기독교에 대한 이런 혐오는 현실에서 통용되는 이미지로부터 차용된 것이지만, 차용된 이미지가 미디어를 통해 다시 현실 세계의 크리스천에 대한 왜곡된 이미지를 강화한다. 대중들은 이 둘 사이를 빠르게 오가는 반복을 통해 편향적인 기독교에 대한 증폭된 혐오감을 가지게 된다.

1. '위선'이라는 단어를 들으면 어떤 이미지가 떠오르는지 함께 나누어 봅시다.

2. 요한1서 3:18을 읽고 '말과 혀로만 사랑하는 행동'에 대한 경험이 있다면, 서로 나누어 봅시다.

3. '행함과 진실함'으로 사랑하기 위해서 당장 오늘 내가 실천할 수 있는 구체적인 목표에 대해 생각해 봅시다.

2
확증편향에 빠진 기독교인들 _ 마스크걸

　최근 영화나 드라마 속 크리스천들이 광적인 인물로 그려지는 것은 매우 흔한 일이다. 종교성은 비합리적인 성향으로 묘사되며, 맹목적이기 때문에 상식과 동떨어진 행동을 하거나 자신이 옳다고 믿는 믿음을 위해 서슴지 않고 폭력까지 저지르는 인간형으로 주로 등장한다. 여기서 신앙은 주로 자신의 왜곡된 믿음을 확증편향으로 강화하는 기제(機制)로 사용된다.

　동명의 웹툰을 원작으로 하는 넷플릭스 오리지널 시리즈인 〈마스크걸〉은 복수에 대한 이야기이다. 김모미(cast 고현정 · 나나 · 이한별)는 밤에는 BJ로 활동하면서 얼굴을 가린 마스크걸로 유명하지만, 회사에서는 소극적이기 짝이 없는 외모 콤플렉스를 가진 평범한 직장인이다. 그런 그녀에게 팬을 자처하는 남자가 다가오면서 의도치 않은 살인이 벌어지게 되고, 그녀는 경찰의 추적을 피하기 위해 성형수술을 한 채 숨어서 살아가게 된다.

드라마 〈마스크걸〉 김경자가 구역예배를 드리는 장면

그런 김모미를 집요하게 추격하는 추적자가 있었는데, 그녀는 바로 김모미의 손에 아들 주오남(cast 안재홍)을 잃은 김경자(cast 염혜란)이다. 김경자는 본래 교회의 집사로 열심히 신앙생활을 하면서 살아가는 평범한 아줌마에 불과했다. 집에서 구역예배를 드리면서 실없이 아들 자랑을 하고, 늦은 나이에도 결혼을 하지 않는 아들을 걱정하는 엄마다.

그런데 자신의 하나뿐인 아들 주오남이 마스크걸에게 살해당했다는 사실을 집요한 추적을 통해 알아낸다. 그리고 그 증오심을 담아 끈질기고 치밀하게 김모미를 추적한다. 이 과정에서 김경자가 가진 기독교 신앙은 원수를 사랑하는 기독교적인 용서를 구현하기보다는 반드시 상대방에게 대가를 치르게 하겠다는 복수심을 불태우는 도구로 활용된다.

> "딸아, 사랑하는 내 딸아, 너의 길을 가라. 사망의 음침한 골짜
> 기를 지날지라도, 내가 너를 지키고 내가 너와 함께할지니 아
> 무도 너의 앞길을 막아서지 못할 것이다. 너는 나의 군사로다!"

복수에 대한 의지를 불태우면서도 기독교의 화해와 용서에 대한 고뇌와 갈등은 전혀 없다. 오히려 자신의 선택을 정당화하는 이데올로기로 성경 본문을 자의적으로 해석한다. 김경자는 찬송가를 부르면서 집요하게 김모미를 끝까지 추격한다. 결국 뒤틀린 김경자의 복수심은 김모미가 아니라 그녀의 딸인 미모에게 향한다. 그녀는 오랜 세월을 걸쳐 아들을 잃은 엄마의 마음을 똑같이 되갚아 주겠다는 계획을 실행하면서도 습관적으로 '주님', '아버지', '아멘'과 같은 단어들을 내뱉는다. 여기서 종교는 김경자가 앓고 있는 정신병인 것처럼 느껴진다. 복수에 대한 광적인 집착과 종교적 언어의 결합은 섬뜩함을 자아낸다.

〈오징어 게임〉에서도 이와 비슷한 종류의 광적인 인간상이 등장하는데, 바로 233번 참가자이다. 그는 '목사'지만 돈을 위해 오징어 게임에 참가했다. 그는 서슴지 않고 다른 사람들을 '죄인'이라고 부르면서 심판을 선언하기도 하고, 다섯 번째 게임에서 숫자를 선택하면서는 "하나님이 인간을 창조하신 날이 여섯

째 날"이라는 기묘한 논리로 6번을 선택하기도 한다. 자신의 승리를 위해 타인을 무가치하고 여기고, 종교적인 언어를 통해 자신의 잘못된 선택에 정당성을 부여한다는 점에서 〈마스크걸〉의 김경자와 유사하다.

친절한 금자씨도 〈마스크걸〉의 김모미도 재소자 신분으로 신앙생활을 시작하지만, 두 사람의 선택이 결국 복수였다는 점에서 기독교 신앙은 무기력하며, 부정적인 측면에서의 자기 암시 기능만 작동하는 것처럼 여겨질 수 있다. 이런 종류의 캐릭터 유형들은 습관적으로 기독교 용어를 사용하고, 성경의 본문을 자의적으로 이용하기 때문에 성경을 권위의 원천으로 신뢰하지 않는 일반 대중들에게는 처음부터 말이 통하지 않는 유형의 인물로 간주된다. 이들은 말끝마다 성경을 인용하지만 그 누구보다 자신의 욕망에 충실하며, 위선적이게도 종교적인 논리와 언어로 자기 자신을 합리화한다.

하지만 세상이 이렇게 기독교를 편향적으로 바라보고 비판한다고 해서 실망할 필요는 없다. 심지어 비윤리적인 식인의 습관을 가진 자들로 매도되었던 초대 교회 성도들과 비교한다면, 우리가 받는 비난은 아직은 애정 어린 것에 불과하다. 정말 위험한 것은 이러한 노골적 비판조차 사라진 시대다. 만일 그런 시대가 온다면, 그것은 기독교는 더 이상 그런 비판의 대상조차 되지 못할 정도로 사람들의 관심에서 멀어진 것이기 때문이다.

현재 기독교에게 필요한 태도는 "기독교는 정말 괜찮은 종교 야"라고 말하는 변증이 아니다. 세상은 더 이상 기독교의 '말'에 주목하지 않는다. 중요한 것은 메시지와 일치하는 크리스천들의 삶이다. 물론 여기서 의미하는 괜찮은 삶이란, 세속적 욕망을 전시하는 삶을 의미하는 것과는 거리가 멀다. 다른 사람들처럼 근사한 오마카세 음식점에서의 저녁 식사, 야경이 아름다운 호텔에서의 호캉스, 이국적인 여행지, 멋진 패션과 트렌디한 장소 등 예수님을 믿지 않아도 누구나 업로드 가능한 사진과 콘텐츠로 자신의 인스타를 채우는 것을 의미하지 않는다. 그것은 아마 소비주의의 세상 밖으로 뛰쳐나가 자신의 불편함을 감수하면서까지 세상을 감동시키는 삶일 것이다.

함께 생각해 봅시다 ━━━━━━━━━━━━━━━━━━

1. 성경 구절의 내용을 오해했던 사례나 경험들이 있다면 찾아보고 함께 나누어 봅시다.

2. 사무엘하 11장을 참고하여 다윗이 자신의 범죄를 정당화하기 위해 벌였던 범죄의 사전 계획과 사후 처리, 대응 방식에 대해 목록을 작성해 보도록 합시다.

3. 확증 편향적인 사고가 사회를 어떻게 분열시키고, 교회에 문제를 야기하는지 생각해 봅시다.

3
혐오스러운 기독교인들 _ 더 글로리

무기력하고 위선적이라는 말만으로도 대부분 크리스천들은 큰 충격을 받을 것이다. 어떤 이는 이런 표현에 대해 분노할지도 모르고, 또 다른 이는 슬퍼할지도 모른다. 하지만 아직 더 심각한 혐오의 표현인 '개독교'라는 단어가 남아 있다. 인터넷 댓글에서 손쉽게 발견할 수 있는 이 단어는 "개 같은 기독교"의 축약된 표현이다.

사실 일반 대중들의 대부분은 기독교에 대해 관심조차 없을지도 모른다. 하지만 그들 중에는 격렬한 혐오감을 품고 반기독교를 표방하는 일부 극단적인 형태의 반기독교도들이 있다. 흥미로운 점은 그들 대부분이 혐오하는 것은 예수 그리스도가 아니다. 그들은 "예수는 훌륭하지만, 교회는 더 이상 종교가 아니다", "한국 교회는 교회가 아니다"라고 말한다.

불신자들보다 더 돈을 밝히고 탐욕스러우며, 심지어 불신자들조차 저지르지 않는 범죄를 서슴지 않으면서도 자기 자신은 하나님의 선택받은 백성이라고 믿는 그 모습은 정말 "인간이 아니다"라는 혐오감을 불러일으킨다. 일반 대중들이 기독교에 느끼는 혐오감은 그 뻔뻔함에 대한 구역질이다. 드라마 〈더 글로리〉의 이사라(cast 김히어라)는 뻔뻔함의 정도를 넘어선 인간상을 보여준다.

드라마 〈더 글로리〉 아버지가 담임목사로 있는 대형 교회에서 성가대로 봉사하는 이사라

이사라의 아버지는 서울의 대형 교회의 목사로 그녀는 성가대 대원으로 매주 찬양을 하고, 개인 전시회를 성공적으로 개최하는 성공한 화가이기도 하다. 하지만 이런 화려하고 성공한 모습과는 반대로 학창 시절 문동은(cast 송혜교)에게 고데기로 팔을

지져 상처를 남긴 인물이다. 교회와 전시회에서는 멀쩡한 모습으로 종교적인 언어와 사회적인 언어를 사용하지만, 친구들끼리 있는 자리에서는 거친 욕설을 입에 달고 산다. 또한 담배뿐 아니라 마약까지 탐닉하면서 방탕한 인생을 보내지만, 이에 대해 이미 알고 있는 부모조차도 그녀의 이런 행동을 제지하거나 훈계하지 않는다. 손명오를 통해 대마초, 필로폰, 디에타민, 펜타민 등을 불법적으로 구매하며, 주기적으로 마약 파티와 문란한 성생활을 즐긴다. 그러면서도 피해자인 문동은에게 미안해하기보다는 이미 신에게 자신의 잘못을 빌었고 자신은 용서받았다는 뻔뻔한 모습을 보이기도 한다.

> 문동은: 나 진짜 궁금해서 그러는데 사라야 넌 진짜 신이 있다
> 고 생각해? 정말로?
> 이사라: 너 방금 그 말, 신성모독이야. 회개해 천벌 받기 싫으면
> ….
> 문동은: 그래? (기도한 후) 응. 방금 하나님이랑 합의 봤어. 괜
> 찮으시대….
> 이사라: 미친년이 선 넘네.

이사라는 철저하게 자기중심적인 인물이며, 같은 가해자 편에 있는 최혜정이나 손명오에 대해서까지 철저하게 무시하는 태도를 가지고 있다. 그녀가 사용하는 종교적인 언사들은 모두 다른 사람을 공격하기 위한 날카로운 칼이며, 결코 신의 뜻을

드러내는 방향으로는 작동하지 않는다. 신은 언제나 자신의 편이라고 생각하면서 과잉된 자의식 속에서 살아간다. 손명오의 실종 이후 마약을 구할 수 없게 된 이사라는 금단증상에 시달리는데, 대예배가 드려지고 있는 교회 지하 예배당에 놓여 있는 마약 사진과 함께 "자매님을 에덴동산으로 초대합니다"라는 메시지를 받고 지하로 향한다.

목사인 아버지가 예배를 집례하는 대예배당은 권위를 지닌 질서 아래 있는 공간이지만, 지하의 공간은 같은 십자가가 달려 있음에도 불구하고 낡고 더러운 공간이며, 벽에는 에덴동산을 상징하는 낡은 벽화가 그려져 있다. 이사라는 "마귀들과 싸울지라 죄악 벗은 형제여"라는 찬송가가 울려 퍼지는 대예배당의 공간으로부터 유혹과 타락의 에덴동산의 벽화가 그려져 있는 지하로 향한다. 이 두 공간은 같은 건물 안에 있지만 위상과 질서가 서로 다르다. 이사라는 본래 있어야 할 자리로부터 이탈하여 유혹을 이기지 못하고 타락의 길로 들어서고 만다.

구역예배를 드릴 때 주로 사용되는 심방용 테이블 위에는 "악은 어떤 모양이라도 버리라"는 데살로니가전서 5장 22절 말씀이 적혀 있지만, 정작 이사라는 그 테이블 위에 마약과 주사기를 올려놓고 환각에 빠져 있다. 심지어 벽화 속 뱀이 환각 중에 살아 움직이면서 손명오의 모습으로 변신하고, 이사라는 손명오와의 성 관계를 떠올리면서 자위행위를 시작한다. 이때, 문

드라마 〈더 글로리〉 아버지가 설교하는 시간에 낡은 지하에서 마약에 취해 있는 이사라

동은의 메시지를 받은 성도들이 지하 예배당으로 내려와 마약에 취해 자위행위를 하고 있는 이사라의 모습을 발견하게 되면서 큰 스캔들이 일어나게 된다.

작품의 초반부터 이사라는 정상을 벗어난 행동과 말투를 보여주는데, 후반부로 가면서는 금단증상으로 몸을 계속 긁고 정신 착란이 일어나는 등의 극단적인 모습까지 보여준다. 그는 최혜정에게 "가랑이가 공공재"라고 조롱하지만, 정작 마약에 취한 채 여러 남자와 성 관계를 맺는다는 점에서 더욱 문란하다. 작중 인물 중 최혜정, 손명오와는 다르게 처음부터 끝까지 뻔뻔한 태도를 유지한다는 점에서는 박연진, 전재준과 함께 보다 적극적인 가해자로서 등장한다.

이사라는 전형적인 값싼 복음과 값싼 용서를 신봉하는 유사 크리스천이다. 자기 스스로는 전혀 윤리적이지도 신앙적이지도 않으면서 스스로 유사 복음에 취해 있다. 결코 자신의 잘못을 인정하지 않으면서 완고한 태도를 일관한다. 이런 이사라를 보면서 사람들은 기독교에 대한 혐오감을 느끼게 되는 것이다.

결국, 드라마 속에서 발생하는 이사라의 추락은 현실 교회의 추락을 상징한다. 폭력과 야만의 현장에서 신은 침묵하고 있으며 오직 피해자들의 연대만이 정의를 드러낸다. 기독교의 정의는 무기력하고 아무런 위로가 되지 않으며, 오히려 폭력을 정당화하는 도구로 활용된다. 대중문화가 묘사하는 부정적인 기독교에 대한 이미지에 대해 신경질을 부리기보다는 왜 이런 터무니없는 묘사가 대중들에게 받아들여지게 되었는지에 대해 자성하는 태도가 필요하다.

함께 생각해 봅시다

1. 자녀의 이름을 성경적인 이름으로 짓는 것에 대해 어떻게 생각하는지 의견을 나누어 봅시다.

2. 야고보서 2:14-20 말씀을 읽고 귀신들이 가진 믿음의 특징을 찾아보도록 합시다. 자신의 생활 중에 귀신들이 가진 믿음의 특징적 요소들이 있는지 점검해 봅시다.

3. 자신의 언어생활 중 가장 고쳐야 할 점이라고 생각하는 부분이나 부정적인 언어, 욕설과 같은 것이 있는지 점검해 보고 나누어 봅시다

4

종교언어가 주는 기묘한 공포 _ 글리치

언어는 생각의 틀이다. 언어가 없다면 의사소통 자체도 불가능하겠지만, 더 심각한 문제는 심지어 생각 자체를 할 수 없다는 점이다. 인간은 언어의 구조를 따라 생각하게끔 되어 있기 때문에 언어가 없다면 생각도 없다. 언어는 세계를 바라보는 해석의 틀이다. 예를 들면, '희끄무레죽죽하다'는 말은 영어의 'white'와는 전혀 다른 표현이다. '희다'와 '희끄무레죽죽하다'를 영어로 번역한다면 모두 'white'가 되겠지만, 한국인이라면 이 표현이 서로 다른 뉘앙스를 가지고 있다는 것을 알고 있다. 한국어는 '희다'라는 단어로는 표현이 불가능한 '기본적으로 흰색이지만, 딱 흰색은 아니고 무엇인가가 섞여 있으면서 불순한 상태'에 대한 인식을 가지고 있는 셈이다.

따라서 언어는 생각과 사고의 깊이, 그 한계와 연관성을 가진다. 여기서 지적하고 싶은 것은 언어분석철학에서 이야기하는 난해한 어떤 종류의 철학이 아니다. 각종 미디어에서 등장하는 종교적인 단어들이 특정한 의도를 가진 맥락에 재배치되면서 일어나는 기독교의 언어의 빈곤화를 지적하고 싶은 것이다.

넷플릭스 오리지널 시리즈로 제작된 드라마 〈글리치〉는 '라-에일리언 무브먼트'(La Alien Movement)의 주장을 기본적으로 따라가기 때문에 음모론적인 냄새를 물씬 풍긴다. 지구에서 일어나는 수상한 사건들이 외계인과 관련되어 있다는 주장에 대해 반성경적이라고 먼저 짜증을 내기 전에 이 작품이 가진 가장 심각한 문제가 있다는 점을 이해해야 한다. 이 작품은 기독교 언어의 빈곤화를 야기한다. 무슨 드라마 작품 하나로 기독교의 언어가 빈곤화까지 일어날까 싶지만, 이런 작품들이 늘어나면 늘어날수록 기독교는 자신의 언어를 점점 잃어 가게 된다는 점에서 심각하다.

주인공인 홍지호(cast 전여빈)는 중학생 시절 우연히 갈대밭에서 UFO와 조우했던 기억을 품고 살아가고 있다. 그 이후로 간혹 환상 속에서 외계인을 목격하곤 하는데 그런 그녀의 남자 친구가 어느 날 갑자기 사라지고 그 자리에는 미스터리 서클이 남겨져 있다. 지호는 사라진 남자 친구를 찾기 위해 단서를 추적하면서 수상한 종교집단을 발견하게 된다. 이 종교집단은 기독교 이단 분파로 '빛'이 내려온다고 말하면서 가상현실을 구현하는 AR기기를 착용하고 이상한 주문을 외우기 시작한다. 이른바 과학과 이단의 '컬래버레이션'이다.

드라마 〈글리치〉, AR 기기를 착용한 신도들

그들은 겉으로는 '하늘빛들림교회'라는 명칭을 쓰며, 교회에서 사용하는 용어들을 똑같이 사용한다. 디모데후서 3장 16-17절에 등장하는 "교훈과 책망과 바르게 함과 의로 교육하기에 유익하니"라는 구절을 외우거나 자신들의 구원자를 '호산나'라고 부른다는 점에서 기독교 이단 분파가 분명하다. 이 종교집단에서 가장 섬뜩한 부분은 그들이 말끝마다 외치는 '셀라'라는 단어이다. 사실 기존 교회에서는 '셀라'라는 단어보다는 '아멘', '할렐루야'라는 단어의 사용 빈도가 훨씬 높다.

본래 '셀라'는 '목소리를 높이다' 혹은 '찬양하다'라는 의미를 가진 단어로 시편에서 71회가량 사용된 일종의 음악 용어이다. 구체적으로 어떤 지시어인지 명확하게 알 수 없지만 대부분 시편의 끝이나 중간 지점에 위치하기 때문에 일종의 휴지기를 위한 지시어로 보인다. 예배 중 시편들을 낭독하거나 연주할 때 목소리를 높여서 찬양하고 악기가 연주되는 동안 잠시 침묵하라는 악상 기호로 추정된다.

그런데 〈글리치〉는 '셀라'라는 단어를 기독교의 본래 맥락으로부터 분리하여 괴상하고 괴기스러운 용어로 바꾸어 버린다. 단어를 본래 의미와 맥락에서 분리하여 새로운 이미지를 삽입하는 대중매체의 전략은 기독교 언어의 빈곤화를 초래할 수 있다. 〈글리치〉를 시청한 사람이라면 누구나 '셀라'라는 단어를 들을 때마다 무의식적으로 영화 속의 기괴한 장면이 떠오르면서 '셀라'라고 음성으로 소리 내는 행위 자체를 검열하게 된다. 이 단어를 접할 때마다 드라마 속 이상한 장면이 반사적으로 떠오르게 된다는 것이다.

다양한 미디어에서 무분별하게 사용되고 있는 기독교 용어들은 그 본래의 의미가 박탈되고 이상하고 기묘한 광적인 종교 현상과 결부되어 제시된다. 교회와 크리스천들은 교회의 언어를 잃어 가고 있으면서도 이 사실을 거의 깨닫지 못하고 있다. 이런 현상은 언어의 빈곤화뿐 아니라 교회 안과 밖의 경계에 심각한 단절 현상을 일으킨다.

교회 밖의 비크리스천들은 영화 속에서 반복되는 기괴한 '셀라'라는 단어가 가진 이미지를 현실 세계의 교회에 투영시키기 때문에 크리스천을 이상한 사람들로 간주하게 된다. 예컨대, 전도 대상자를 어렵게 전도하여 전도 행사에 참석하도록 했다고 가정해 보자. 만일 전도 대상자가 글리치를 시청한 적이 있는데, 하필 그날의 설교 본문이 '셀라'라는 단어가 포함된 시편이라면 어떤 일이 벌어지게 될까? 전도 대상자는 '셀라'라는 단어를 듣는 순간 섬뜩한 기분이 들면서 드라마 속 장면이 떠오를 것이다. 그리고 드라마 속에 등장했던 이상한 교회에 내가 참석한 것은 아닌가 하는 불안감에 사로잡히게 될 것이다.

그렇다면 이런 경우를 고려해서 '셀라'라는 단어를 사용해서는 안 되는 것일까? 이런 생각과 고민을 해야 한다는 것 자체가 이미 일종의 자기 검열에 해당한다. 교회의 언어가 오용되고 오염되면서 교회 언어의 빈곤화가 이미 진행 중인 셈이다. 그렇다면 '셀라'라는 단어가 본래는 어떤 의미를 지니고 있는 것인지를 세세하게 설명한다면 이 문제가 해결되는 것일까? 문제는 그런 방식으로 해결되지 않는다. 일반 대중들은 기독교의 설명을 들어줄 마음도 없고, 관심도 없다.

이미지 정치는 이전과는 싸움의 판도가 다르다. 이전 시대의 전쟁이 나라와 나라가 충돌하는 전면전이었다면, 이 시대의 전쟁은 게릴라전이다. 세속의 이미지가 점령한 고지를 탈환할 즈음이 되면 그들은 이미 또 다른 고지로 옮겨가며 전장을 확대해 나가고 있을 것이다. 현재 우리는 그들의 뒤를 쫓기에도 숨이 턱턱 막혀오는 국면에 놓여 있다. 전황은 확실하게 불리하다.

함께 생각해 봅시다

1. 기독교 용어 사전을 편찬한다면 어떤 단어들을 소개하고 싶은지 3가지를 선정해 보고, 그 이유에 대해서 나누어 보도록 합시다.

2. 궁금한 점에 대해 검색해 보다가 이단들이 써 놓은 글을 접하게 되었던 경험이 있다면 서로 나누어 봅시다.

3. 성경에 등장하는 단어 중 자신이 가장 좋아하는 단어를 하나 선정하여 의인화해 봅시다. 그리고 그 대상에게 감사의 편지를 쓰는 시간을 가져 봅시다.

5

소통 불가능한 인간 유형인 기독교인들
_ 살인자이난감

지금까지 우리는 위선, 거짓, 혐오와 관련된 감정에 대해서 함께 생각해 왔다. 이런 감정들이 적극적인 의미에서의 기독교에 대한 세속사회의 감각이라면, 조금은 소극적인 측면에서의 이미지도 공존하고 있다. 그것은 바로 지루하고 바보 같은 기독교인이라는 이미지이다. 사실 지루하고 바보 같다는 평가는 현재 기독교가 받고 있는 대중적 시선과 비교한다면 심각한 문제라기보다는 각 개인이 가지고 있는 부정적인 관점 정도로 치부할 수도 있다.

하지만 이런 종류의 이미지는 실생활에서 크리스천들이 다른 사람과 관계를 맺고 살아가는 데 있어서도 도움이 되지 않을 뿐 아니라 메신저에 대한 불신과 부정적 이미지로 인해 복음의 메시지 그 자체에 무관심한 경향을 증가시킬 우려가 있다.

2021년 9월에 공개되어 전 세계적인 신드롬을 일으킨 황동혁 감독의 〈오징어 게임〉은 456명의 사람들이 456억의 상금이 걸려 있는 죽음의 게임에 참가하여 각축을 벌이는 이야기를 담고 있다. 〈오징어 게임〉에는 다양한 인간 군상들이 등장하는데, 기독교인들에 대한 묘사는 상당히 비판적이다. 박해수(cast 조상우)와의 사투를 벌인 끝에 최후의 1인이 된 주인공 성기훈(cast 이정재)은 모든 게임이 끝난 후 결박을 당하고 안대까지 씌워진 채 비가 오는 거리에 던져진다.

비 오는 거리를 지나가는 수많은 사람들이 그에게 무관심하지만, 거리에서 "예수천당 불신지옥"을 외치던 한 전도자가 그에게 다가온다. 전도자는 손에 들고 있던 십자가를 내려놓고 성기훈의 눈을 가리고 있는 안대를 풀어 준다. 살아남기 위해 그토록 처절한 싸움을 벌여야 했던 그가 세상에서 처음 본 광경은 뒤집혀 있는 전도자의 얼굴이었고, 그가 뱉은 첫마디 말은 "예수 믿으세요"였다.

상식 수준에서 한번 생각해 보자. 온몸을 결박당한 채 비 오는 거리에 쓰러져 있는 사람에게 도움의 손길을 내밀면서 해야 할 첫마디 말이 과연 "예수 믿으세요"라고 할 수 있을까? 물론 육신의 구원보다 중요한 것이 영혼의 구원이기 때문에 때를 얻든지 못 얻든지 복음을 전하는 것(딤후 4:2)이 최우선 과제라고 생각할 수 있다. 하지만 이 상황에서 해야 할 말은 "괜

찮으세요?", "어디 다친 곳은 없으세요?", "무슨 일이세요?"와 같은 말이다. 바울이 이야기하는 "너는 말씀을 전파하라 때를 얻든지 못 얻든지 항상 힘쓰라"는 권면은 상황과 관계없이 무조건 복음을 전파하라는 의미가 아니다. 복음 전파에도 적절한 티피오(TPO−time, place, occasion)가 필요하다. 불난 집 앞에서 복음을 전파하는 것보다 먼저 해야 할 일은 119에 신고를 하는 것이다.

대중들이 바라보는 크리스천의 이미지는 오로지 전도 외에는 관심이 없는 사람들이다. 기독교를 부정적으로 묘사하는 영화나 드라마 작품이 나올 때마다 교회에서는 "이런 작품은 전도에 도움이 되지 않는다"는 전형적인 반응을 보여왔기 때문이다. 작품에서 부정적으로 묘사되는 맥락이나 그것이 지적하는 내용에 대해 반성적인 태도를 갖기보다는 무조건 억울하다는 식의 반응만 되풀이 되어 왔다.

이런 태도는 일반 대중들이 기독교를 다른 종교와 대화하려고 하지 않는 독단적인 공격성을 지니고 있으며, 사회적인 대화가 거의 불가능한 폐쇄적인 종교언어를 사용하는 사람들로 간주하게끔 만들었다. "예수천당 불신지옥"을 외치는 거리의 전도자는 상대방이 어떤 상황인지에 대해 무관심하며, 전도만을 목적으로 하고 있다는 점에서 상식의 범주 밖에 위치하고 있다. 이런 상황에서 거꾸로 뒤집힌 화면 속 전도자의 "예수 믿으세요"라는 말은 심지어 폭력적이기까지 하다. 전도자만이 그 폭력성을 인식하지 못한다. 그는 자기만족적인 세계에 함몰되어 있기 때문이다.

동명의 웹툰을 원작으로 하는 〈살인자○난감〉은 우발적인 살인을 저지른 후 연쇄살인마가 된 평범한 대학생의 이야기를 그린다. 2024년 넷플릭스에서 공개된 작품으로 스타일리시한 연출이 돋보인다. 평범해 보이는 인물 속에 존재하는 '악'의 문제를 다루면서 "정의란 무엇인가?"라는 주제의식이 드러나는 작품이다.

주인공 이탕(cast 최우식)은 우연히 살인을 저지르게 되는데, 본인이 죽인 사람마다 죽어 마땅한 범죄자였다는 사실이 밝혀지면서 지속적으로 살인을 저지르게 된다. 이탕은 특별한 주의나 신념을 가졌다기보다는 그저 우리 주위에서 흔하게 볼 수 있는 평범한 사람에 불과하다.

한나 아렌트(Hannah Arendt)가 『예루살렘의 아이히만』에서 지적했던 '악의 평범성'(banality of evil)에 대한 주제의식은 드라마보다는 웹툰에서 더 잘 드러난다. 드라마는 흥행의 문법에 맞추다 보니 "정의란 무엇인가?"라는 질문보다는 주인공 이탕과 송촌의 대비가 강조되면서 다크 히어로로서의 측면이 더 강조된다. 드라마에서는 이탕의 평범하고 지루한 일상을 강조하기 위한 공간으로 교회가 등장한다.

사실 이런 점은 그동안 작품 내에서 교회가 폭력과 위선의 공간으로 묘사된 것과는 조금 다른 맥락을 지니고 있다. 〈밀양〉에서 교회는 피해자에게 화해와 용서를 강요하는 공간으로 등장하고 앞서 살펴본 바와 같이 〈친절한 금자씨〉, 〈마스크걸〉과 같은 복수의 이야기에서는 통제와 규율의 공간으로 제시된다. 〈더 글로리〉, 〈D.P. 2〉에서는 혐오와 위선의 공간이며, 영화 〈추격자〉 속에서 교회는 살인이 벌어지는 현실에서도 지나치게 무기력한 현실을 보여주는 미장센이다.

그런데 〈살인자○난감〉에서는 아무런 일도 일어나지 않는다. 그렇다고 크리스천들의 속물근성이 드러나거나 위선적인 모습이 강조되는 것도 아니다. 지극히 평범한 주일, 교회에 나온 어머니와 아들의 무미건조한 대화와 실랑이가 이어진다. 이탕의 어머니는 대전대석교회에 출석하는 김권사님이시다. 이탕의 어머니는 아들에게 학점에 대한 잔소리를 늘어놓고, 교회에서 친분이 있는 집사를 만나 딸 결혼에 대한 자랑과 아들이 해외에 나갈 예정이라는 흔한 자랑을 늘어놓는 어디서나 흔하게 볼 수 있는 유형의 어머니이다.

예배 시간에 설교에 집중하기보다는 옆에 앉은 아들에게 다른 부모들처럼 유학을 보내주지는 못하지만, 남편의 퇴직 이후 연금을 받으면서 생활할 수 있기 때문에 자식들에게 짐이 되지는 않을 것이라는 이야기를 하면서 아들 손에 로또 용지를 쥐어

드라마 〈살인자ㅇ난감〉, 주보와 나란히 놓여 있는 어머니가 준 로또 용지

준다.

결국 이 평범한 일상은 이탕으로 하여금 두 번째 살인을 저지르도록 하는 이유가 된다. 이탕의 첫 번째 살인 장면을 목격한 목격자인 여옥은 선글라스를 끼고 안내견을 대동하고 있었다. 이탕은 그녀가 맹인이라고 생각했기 때문에 살인사건이 일어난 장소에 있었지만 사건을 목격하지는 못했을 것이라고 생각한다. 하지만 여옥에게는 시력이 남아 있었고, 그녀의 안내견인 렉스가 살인사건에 사용된 망치를 물어오는 바람에 그녀는 살인의 증거를 빌미로 이탕에게 돈을 요구한다.

매달 백만 원을 내놓으라고 협박하는 그녀를 두고, 이탕은 자리에서 피하려고 하지만, 오히려 여옥은 이탕의 어머니가 출석하고 있는 교회를 언급하면서 자신의 요구가 관철되지 않을 경우 가족들의 평범한 일상에까지 위협을 가할 것이라는 또 다른 협박을 이어간다. 이에 결국 이탕은 그녀를 살해하기로 마음 먹는다.

작품 내에서 교회는 어머니의 평범한 일상을 상징하는 공간 이다. 그렇지만 개인적이고 내밀한 공간이라기보다는 공동체의 공간이고, 개방성을 지니고 있기 때문에 누구나 쉽게 진입할 수 있고 누구나 쉽게 위협할 수 있는 공간이기도 하다. 매주 예배 에 참석하고 수다를 떠는 평범한 아주머니인 이탕의 어머니는 다른 나라에 가서도 마리화나를 피우지 말고 꼭 콘돔을 지참하 라는 등 아들에 대한 염려와 세심한 잔소리가 한가득이지만, 정 작 인근 편의점에서 일어난 살인사건의 범인이 자신의 아들일 것이라고는 꿈에도 생각하지 못한다.

매주 설교를 통해 진리를 듣고 있지만 사건의 진실을 꿰뚫어 볼 능력은 없는 한없이 무기력하고 평범한 모습이다. 설교 시간 에 설교에 집중하지 않고 떠드는 이탕의 어머니에게는 아마 설 교자의 설교가 가 닿지는 않았을 것이다. 마찬가지로 어머니의 일상적인 잔소리는 이미 살인자가 된 이탕에게는 와닿지 않는 다. 이미 다른 세계를 살아가는 이탕에게 어머니의 잔소리는 설 교에 불과하다.

어머니의 세계와 이탕의 세계는 분리되어 더 이상 서로 중첩

되지 않는다. 이 두 세계가 만나는 순간 다른 한 사람의 세계는 필연코 깨지게 되어 있기 때문이다. 교회 안에서의 삶은 교회 밖으로 전이되지 않는다. 따라서 이탕은 현재 교회에 나와 예배에 참석하고 있지만, 실제로는 그의 삶에 있어서 교회는 존재하지 않는 것이나 다름없다. 살인자인 이탕은 이미 평범한 삶의 질서 밖에 있다.

그래서 어머니가 편의점 인근에서 일어난 살인사건을 일으킨 살인자는 하나님에게 벌을 받을 것이라고 말했을 때도 이탕은 발각될 위험에 대해 염려하거나 양심의 가책을 느끼기보다는 심드렁하기 짝이 없는 반응을 보인다. 그에게 교회는 일상적인 공간일 뿐 '교훈과 책망과 바르게 함'의 원리가 작동하지 않는 공간이다. 어머니의 잔소리와 교회의 설교는 중첩되어 있고, 지루하고 무의미하다.

〈살인자○난감〉 속에 등장하는 교회는 이탕이 살아가게 될 세계와 대립되는 공간이다. 잔인한 폭력과 살인이 난무하고 이해할 수 없는 인간 군상들이 살아가는 현실 세계와 동떨어진 공간이다. 교회는 집을 나간 탕자가 되돌아올 'home'으로서의 공간이 아니다. 삶의 중심으로부터 배제되어 그저 스쳐 지나가는 트랜스 로컬리티(trans-locality, 사회 전반적인 분야의 경계를 허물고 새로운 공간을 재구성하는 것)적인 운동만이 지배하는 공간이다. 이탕에게 교회는 인간에게 안정감을 제공하는 의미있는 공간으로서

의 장소가 아니다. 또한 공동체적인 삶을 살아가기 위한 거주의
조건을 충족시키는 장소도 아니다.

　교회는 성도들에게 더 이상 의미를 제공해 주지 못하는 곳이
며, 사람들은 잠시 교회라는 공간에 머물렀다가 정주하지 않고
떠나갈 뿐이다. 교회에서 사람들은 더 이상 신과도, 다른 사람과
도 소통하지 않는다. 그저 삶의 흔적으로 스쳐 지나갈 뿐이다.

함께 생각해 봅시다

1. 가장 인상 깊었던 설교는 어떤 설교였는지 설교자와 본문, 내용에 대해서 생각
해 본 후에 함께 나누어 봅시다.

2. 교회 안에서 습관적으로 자주 사용하지만 실제로는 특별한 의미가 없는 말이 있
다면 한번 찾아 봅시다.

3. '습관적인 신앙'의 장점이 있다면, 어떤 점이 있을지 생각해 봅시다.

6

욕망의 세계 밖으로

그 정의와 정체가 불분명하면서도 사람들의 입에 자주 오르내리는 단어들이 있다. 주로 현대를 설명하기 위해 사용하는 일반적인 개념 중 하나인 '포스트모더니즘'은 널리 알려진 바에 비하면, 그 정체가 모호한 개념 중 하나이다. 대부분의 사람들은 '다원주의'와 '포스트모더니즘'은 어떤 관계인지, '포스트모더니즘'과 '포스트 구조주의'는 같은 것인지 다른 것인지, '포스트모더니즘'은 '모더니즘'과는 어떤 관계인지에 대한 지식을 거의 갖고 있지 않다. 물론 알고 싶은 마음이 들거나 알려고도 하지 않는다.

포스트모더니즘은 모더니즘과의 관계를 떠나 규명할 수 없지만, 정작 "모더니즘이란 무엇인가?"에 대해서도 여전히 논쟁 중이기 때문에 여기에서 한 발 더 나아가 "포스트모더니즘이란 무엇인가?"에 대해 정의한다는 것은 상당히 어려운 일이다. 포스트모더니즘은 어떤 의미에서는 하나의 '무드'이기 때문에 마치 유령같이 손으로 붙잡을 수 있는 공통의 정의가 부재하지만, 동시에 그저 유령이라고 부르기에는 그 영향력이 막강하다. "포스트모더니즘이란 무엇인가?"에 대한 질문은 사실 이 책의 주제에서 지나치게 벗어나는 것이므로 여기에서는 근대 사유의 출발점인 '나'와 '생각한다'라는 두 가지 항을 모두 해체하는 경향이라고만 짚어두기로 하자.

포스트모더니즘의 영향력 아래에서 총체성과 통일성은 이질성으로 대체되고, 정신과 육체, 주체와 타자, 기의와 기표 등 이항 대립(binary opposition)적인 모든 항이 전복을 경험하게 된다. 일정한 기준이 파괴되고 관습적으로 신념의 토대가 되었던 거의 모든 것이 해체된다. 이 이야기의 끝에 남는 것은 모든 것이 해체된 메마르고 황량한 공간에 던져진 인간의 모습이다. 의지할 수 있는 모든 것이 파괴된 인간에게 마지막에 남아 있는 것은 '욕망'과 그 욕망을 부채질하는 '소비주의'뿐이라고 나는 생각한다.

욕망이라는 이름의 전차는 빠르고 파괴적이어서 이미 전 세계를 거의 제압하였다. 닐 포스트먼(Neil Postman)은 자신의 저서인 『죽도록 즐기기』에서 미디어의 과잉 시대에 인간에게 남은 것은 쇼비즈니스뿐이라고 비판한다. 흥미와 재미를 중심으로 세계는 자전하고 있다. 그리고 세계적인 기업들은 신자유주의 질서 아래에서 대중의 욕망을 자극하며 그들이 스스로 선택하여 소비자로 살아가게끔 유도한다. 영화와 드라마는 이 욕망을 끊임없이 재생산하고 유통한다.

대중매체 속에 등장하는 크리스천들의 모습이 뒤틀린 형태로 욕망에 충실하게 등장하고 있다면, 그것은 현재 기독교의 실제 모습이 욕망에 충실하기 때문이다. 〈D.P. 2〉에서는 권력을 욕망하고, 〈수리남〉에서는 돈을 욕망하며, 〈마스크걸〉에서는 복수를 욕망한다. 그 욕망의 대상이 무엇이든 최선을 다해서 욕망한다는 점에서 그들은 기독교의 옷을 입고 있지만, 세속질서 아래서 살아간다. 그러면서도 폐쇄적이고 비개방적이기 때문에 외부의 비판으로부터 멀리 떨어져 있다.

기준이 해체된 시대를 살아가는 인간 군상들은 욕망에 전착하게 되어 있다. 사사기 21장 25절에서는 길을 잃어버린 세대에 대해 "그때에 이스라엘에 왕이 없으므로 사람이 각기 자기의 소견에 옳은 대로 행하였더라"라고 묘사한다. 삶의 기준을 제시하는 규율을 잃어버린 사람들이 스스로 옳다고 믿는 가치관에 따라 살아가기 시작했다는 것이다.

사무엘상은 사사기 시대로부터 이어지는 욕망의 이야기를 그리고 있는데, 당시 대제사장인 엘리 가문은 하나님의 말씀으로부터 벗어나 그루밍 성폭력을 자행하고(삼상 2:22), 종교권력을 사유화하여 제사로 드려지는 음식을 착복하는 것도 모자라

협박하여 강탈하기까지 한다.(삼상 2:14, 16) 겉으로는 종교인의 모습을 가지고 있지만, 실제로는 자신의 욕망에 충실하다. 영화와 드라마 속에 등장하는 기독교인들을 보면서 기시감이 드는 것은 바로 이러한 유형은 인물이 시대와 공간을 초월하여 스테레오 타입으로 이미 존재해 왔기 때문이다. 그렇다면 욕망의 전차에 올라탄 것은 종교지도자들뿐이었을까?

사무엘상 8장 5절을 보면, "모든 나라와 같이 우리에게 왕을 세워 우리를 다스리게 하소서"라고 요구하는 이스라엘 백성들이 등장한다. 그들은 자신들의 삶을 매개할 대상으로서의 하나님을 거절하고 새로운 대상인 왕을 요구하고 있다. 그런데 흥미로운 것은 이 욕망이 본래는 자신의 것이 아니라는 사실이다. "모든 나라와 같이"라는 구절에 주목해 보자. 그들은 주변에 있는 다른 나라들과 같아지기를 욕망했다. 이러한 욕망은 본래 자신의 것이라기보다는 사회적으로 매개된 것에 불과하다.

르네 지라르(Rene Girard)는 소설 속에 등장하는 인물들은 스스로의 욕망을 지니지 못하고 오직 '중개자'의 욕망을 복사함으로써만 욕망할 수 있다고 주장하는데, 성경을 하나의 문학적 텍스트라고 간주한다면 이와 같은 르네 지라르의 지적은 왕을 요구하는 이스라엘 백성들의 모습과 정확히 일치한다.

지라르에 의하면 우리는 어떤 대상을 자발적으로 욕망한다고 생각하지만, 그것은 낭만적 거짓에 불과하다. 우리는 욕망의 주체와 대상 그리고 중개자를 꼭짓점으로 하는 욕망의 삼각형 구조에 의해 규정된다.

욕망은 사회적인 것이며, 인간은 타인의 욕망을 모방함으로써만 욕망할 수 있다. 지라르에 의하면 사람들은 자유를 정면으로 직시할 수 없기 때문에 고뇌에 빠진다. 그들은 시선을 고정시킬 근거지를 찾게 되는데, 더 이상 그들을 세계에 연결시켜줄 신, 왕, 절대 영주들은 없다는 것이 문제이다. 따라서 개별자라는 느낌에서 벗어나기 위해 사람들은 타인의 욕망을 모방하게 된다는 것이다. 즉, 절대자를 포기할 수 없는 까닭에 신의 대체물을 선택하게 되는데, 이스라엘 백성의 경우에는 그것이 바로 '왕'이었던 셈이다.

미디어에 등장하는 위선적이고 탐욕적이며 권력 지향적인 크리스천의 모습은 현재 기독교라는 단어에 전착해 있는 뿌리 깊은 이미지이다. 만일 이러한 시선이 불편하다면, 크리스천은 욕망의 세계 밖으로의 탈주를 꿈꾸어야 한다. 예수님은 삶을 위하여 무엇을 먹을까 무엇을 입을까 염려하는 세상 사람들과 같은 욕망을 품지 말라고 지적하신다(마 6:25). 먼저 그의 나라와 의를 구하라고 따뜻하게 말씀하시면서 내일의 삶을 위해 오늘 욕망을 불태우지 말라고도 말씀하신다(마 6:33-34).

미디어의 쇼비즈니스적인 시선에 포착된 크리스천의 모습에 대해 억울해하면서도 다른 한편으로 욕망을 뜨겁게 불태우고 있다면, 결국 이 문제는 영원히 해결되지 않을 것이다. 욕망의 세계 밖으로 나가는 것은 형이상학적인 과제가 아니다. 실천적인 관점에서 오늘, 하루, 무엇을 선택할지의 문제에 가깝다.

함께 생각해 봅시다

1. 내가 가장 많은 시간과 자원을 사용하고 있는 것이 무엇인지 순위에 따라 5가지를 적어 봅시다.

2. 현재 여러분이 가지고 있는 가장 큰 욕망의 내용은 무엇입니까? 그 욕망의 내용이 하나님 나라와 어떤 관련을 맺고 있는지 생각해 봅시다.

3. 내일의 염려를 오늘의 염려로 삼아 살아가는 삶의 모습이 어떠한지 생각해 보고 함께 생각을 나누어 봅시다.

PART 5

지구를
지켜라

1

인간을 만든 것은 외계인이다
_ 프로메테우스

인류가 외계인들의 후예이거나 외계인들이 지구상에 만들어 낸 생명체에 불과하다는 주장은 각종 영화나 드라마 혹은 유튜브에서도 쉽게 접하게 되는 가십성 이야기이다. 이미 지구에 숨어 사는 외계인들이 있다는 말을 들으면서 가장 먼저 마블 시네마틱 세계관(MCU)에 등장하는 외계종족 스크럴을 떠올리는 분들도 있을 것이다. 하지만 이런 이야기는 음모론의 형태로 실제로 유통되고 있는데, 인간의 모습으로 가장하여 인간 사회의 최상류층을 차지하고 있는 파충류 외계인인 렙틸리언(Reptilian)에 관한 이야기는 꽤 유명하다.

IT계의 유명 인사인 마크 저커버그(Mark Elliot Zuckerberg)에 대해 일부 음모론자들이 그의 특이한 외모를 빌미로 삼아 렙틸리언이 아니냐는 의혹을 제기한 바 있다. 이런 음모론에 대해 저커버그는 Q&A 방송을 진행하던 중 직접 "나는 도마뱀 인간이 아니다"라고 해명하기도 했다.

인류가 외계인으로부터 유래되었다는 주장 중 가장 유명한 형태는 라-에일리언 무브먼트(La Alien Movement)에서 찾아볼 수 있다. 이들은 외계인 '엘로힘'에 의해서 인류가 창조되었다고 믿으며, 세계 종교와 신화, 고대 유물 속에서 그 증거를 찾아볼 수 있다고 주장한다.

리들리 스콧(Ridley Scott)의 〈프로메테우스〉(Prometheus, 2012)는 뛰어난 영상미를 자랑하는 작품이지만, 기본적인 설정을 보면 라-에일리언 무브먼트의 주장의 복사판이나 다름없다. 이 작품은 1979년부터 1997년까지 총 4편의 시리즈로 제작된 〈에이리언〉(Alien)의 프리퀄(prequel)에 해당하는 작품이다. 프리퀄이란, 오리지널 영화의 메인 스토리가 시작되기 이전을 다루는 작품으로 오리지널 스토리의 주인공의 과거 이야기나 앞선 사건들을 다루는 속편을 의미한다. 전편이 흥행한 경우 리부트(reboot), 스핀오프(spin off), 시퀄(sequel), 프리퀄 등 다양한 형태로 후속편을 제작하는데 프리퀄은 그중에서도 본편의 이야기가 어떻게 그렇게 시작되었는지를 설명하는 역할을 하는 작품이다.

알려진 바에 의하면 리들리 스콧은 『신들의 전차』라는 책으로부터 아이디어를 얻었다고 한다. 이 책은 우주선을 타고 지구를 방문한 외계인이 인간 문명의 기원이며, 고대의 기술력으로는 만들어 낼 수 없는 초고대문명의 잔재가 남아 있는 것이 그 증거라고 주장한다. 또한 고대인들이 그들을 신으로 추앙하면서 지구상에 종교와 신화가 유래되었다고도 말한다. 리들리 스콧은 이러한 기본적인 주장에 자신의 영화인 〈에이리언〉의 세계관을 연결하여 새로운 이야기로 재창조한다.

영화 〈프로메테우스〉, 원시 지구에 도착한 엔지니어의 모습

영화 〈프로메테우스〉는 오프닝 시퀀스에서 엔지니어가 정체불명의 행성에서 생명체를 창조하는 모습을 보여준다. 그들은 우주에서 많은 생명체를 창조했지만, 그중에서도 인류가 가장 성공적인 생명체였다. 엔지니어들은 그들의 특별한 창조물인 인간에게 '불'과 '문명'을 전수해 주고, '에덴'을 선사한다. 하

지만 인류는 엔지니어들의 기대와는 다르게 서로를 죽이고 전쟁을 일으키는 호전성을 지닌 종족이다. 이에 엔지니어는 인간들을 교화하기 위해 인간들 중에서 '어머니의 아이'를 선택하여 자신들의 행성으로 데려와 삶과 창조의 의미를 가르친 후 다시 그를 에덴으로 되돌려 보낸다. 하지만 인간은 되돌아온 '어머니의 아이'를 처벌해 버린다. 이에 엔지니어는 인간에 대한 희망을 버리고 인류 정화를 준비하기 시작한다는 것이 이 영화의 기본적인 설정이다.

작품의 제목인 〈프로메테우스〉는 신과 인간의 갈등을 드러내는 신화인데, 이 작품 역시 이런 모티프(motif)[9]에 충실하다. 인간과 인간이 만들어 낸 안드로이드 데이비드, 엘리자베스와 트릴로바이트, 엔지니어와 디컨, 엔지니어와 인간의 관계는 창조자와 피조물의 관계이지만 서로 대립하는 관계이다. 피조물로서 자신의 존재 이유에 대해 안드로이드인 데이비드는 끊임없이 질문하고 탐구하지만, 인간들은 자신들이 창조한 데이비드를 결코 인간과 동등한 존재로 인정하지 않는다.

인간의 피조물인 데이비드는 자신의 창조자인 인간의 신체를 이용하여 새로운 생물체를 스스로 만들어 내고자 실험을 거듭하기에 이른다. 작품은 창조자와 피조물의 관계에 대한 진지

---

9 일반적으로 '모티브'(motive)와 '모티프'가 같은 의미로 사용되지만 엄밀하게 본다면 이 둘은 다른 의미를 가지고 있다. 모티브는 어떤 행동의 대한 원인이나 동기의 출발점을 의미하는 단어인데 반해 모티프는 어떤 이야기를 구성하고 있는 작은 단위의 이야기 요소를 의미한다.

한 성찰과 질문을 담고 있다.

데이비드가 엘리자베스 쇼 박사에게 던진 "자식은 부모가 죽기를 바라지 않나요?"라는 질문은 데이비드의 생각을 잘 보여준다. 자신의 존재 근거인 아버지와 끊임없이 대립하는 아들의 서사는 프로이트(Sigmund Freud)의 주장과 관련성을 가지고 있다. 이 질문에 대해 엘리자베스는 아버지가 죽기를 바란 적이 결코 없다고 답변한다. 결국 인간과 안드로이드의 평화로운 공존, 창조자와 피조물의 공존은 화해 불가능한 것이었다.

리들리 스콧은 실제로는 무신론자에 가깝지만, 창조자와 피조물의 관계에 대해 가장 잘 보여주는 종교가 기독교라고 생각했던 것으로 보인다. 그래서 유독 〈프로메테우스〉에는 기독교의 상징과 은유들이 많이 등장한다. 엔지니어가 도착한 날이 12월 25일이라는 점, 만물을 창조하기 위해 엔지니어가 자기를 희생한다는 점, 불임인 여주인공이 생명을 잉태하는 것, 엘리자베스의 십자가 목걸이 등은 대표적인 기독교 모티프이다. 〈프로메테우스〉의 초기 구상에는 예수 그리스도가 엔지니어였다는 설정이 있었지만, 최종안에서는 채택되지 않은 것으로 알려지기도 했다.

〈프로메테우스〉의 세계관을 잇는 다음 작품인 〈에이리언: 커버넌트〉(Alien: Covenant, 2017)에서는 데이비드가 인간의 창조자인 엔지니어를 살해하는 장면이 등장한다. 수많은 엔지니어가 살고 있는 행성 LV-426에 도착한 데이비드는 유기체에 반응하여 기생 생물을 생성하는 병원체인 '검은 액체'를 유포하고, 엔지니어들은 속수무책으로 죽임을 당하게 된다. 데이비드는 인간을 창조한 창조자인 엔지니어를 살해함으로써 아버지인 인간을 살해하고 '신마저 죽인 자'에 도달하고자 하는 욕망을 실현한다. 〈프로메테우스〉는 상업적인 영화인 데다 장르적인 특성까지 돋보이는 영화지만 주제적인 측면에서 본다면 상당히 신화적이고 종교적인 구조를 가지고 있다.

노골적인 기독교 상징의 차용을 통해 신을 비신화화하고 인간과 신의 관계를 대립적인 것으로 설정한다는 점에서 이 영화는 기독교 세계관과 정면충돌한다. 피조물이 신의 자리를 스스로 욕망한다는 점에 있어서는 선악과 모티프를 통한 인간의 욕망에 대한 비판이라고도 볼 수 있겠지만, 신을 기괴한 존재로 만든다는 점에서는 이 작품을 긍정적으로 평가하기에는 무리가 있다. 이런 종류의 주장들은 결국 종교란 낯선 타자에 의해 촉발되는 두려움으로부터 기인한 것이며, 구상된 것이라는 주장을 SF적 상상력을 가미하여 되풀이하는 것에 불과하기 때문이다. 흥미롭긴 하지만 새로울 것은 없다.

1. 밤 하늘의 쏟아질 것 같은 별들이나 거대한 파도가 몰아치는 폭풍을 바라보면서 느끼는 경이로운 감정을 경험해 본 적이 있다면, 이 경험에 대해 서로 나누어 봅시다.

2. 고린도전서 15:19을 읽고 기독교의 복음이 사실은 구성된 것에 불과하고, 천국과 지옥이 없다면 모든 사람들 가운데 크리스천이 가장 불쌍한 이유에 대해서 생각해 봅시다.

3. 기독교의 모티프를 활용하여 세속적인 이야기를 창조해 내는 것을 보면서 어떤 생각이 드는지 나누어 봅시다. 또한 내가 할 수 있는 일은 어떠한 것이 있을지 생각해 봅시다.

②
지구는 거대한 실험실에 불과하다
_ 다크 씨티

우리가 살아가는 현실 세계의 기원과 인간 존재에 대한 질문은 모든 종교와 철학의 주요한 주제이다. 후기 인상파를 대표하는 화가 중 한 사람인 폴 고갱(Eugène Henri Paul Gauguin)의 대표작 중 하나인 「우리는 어디에서 왔는가? 우리는 누구인가? 우리는 어디로 가는가?」라는 제목의 작품은 인간이라면 누구나 품고 있는 근원적인 질문을 잘 담아내고 있다. 앞선 단락에서 살펴본 〈프로메테우스〉가 인간의 기원에 대한 질문을 탐색하는 시선을 담고 있었다면, "우리는 누구인가?"라는 현재에 대한 질문에 답하고자 하는 작품들 중에서도 SF적인 상상력을 가지고 흥미롭게 이야기를 풀어낸 작품들이 있다.

장준환 감독의 2003년 작인 영화 〈지구를 지켜라!〉와 베르나르 베르베르(Bernard Werber)의 소설 『인간』은 우리가 살아가고 있는 현실이 일종의 외계인들의 실험실이거나 특정한 목적을 가지고 외계인이 관찰하는 공간이라는 상상으로부터 출발한다.

이런 종류의 영화 중 가장 흥미로운 작품은 알렉스 프로야스(Alex Proyas)의 1998년 작인 〈다크 씨티〉(Dark City)이다. 사실 이 작품은 유명한 영화 감독들이나 평론가들 사이에서도 호불호가 많이 갈리는 작품이다. 가령 박찬욱 감독은 이 작품에 대해 신랄한 혹평을 했지만, 크리스토퍼 놀란(Christopher Nolan)의 경우에는 영화 〈인셉션〉을 구상하면서 〈다크 시티〉로부터 많은 영향을 받았다고 밝힌 바 있다.

〈다크 시티〉는 영화의 제목처럼 밤이 지속되는 도시를 배경으로 한다. 하지만 이 도시에서 살아가는 그 어떤 사람도 여기에 대해 의문을 품지 않는다. 매일 밤 12시가 되면 도시의 모든 시계가 멈추고, 이방인이 나타나 튜닝이라는 현실 조작 능력으로 도시의 구조를 바꾸고 사람들의 기억조차 마음대로 조작한다. 어제까지 부부로 살아가던 사람들의 기억을 조작하여 서로를 전혀 모르는 사람으로 설정하는 것도 가능하다. 밤 12시가 되면 도시 안의 모든 사람들이 잠들기 때문에 이 조작으로부터 벗어날 수 있는 사람은 없다. 사람들은 예전의 기억을 삭제당한 채 도시에서 살아가고 이방인들은 인간을 관찰한다.

그런데 주인공인 존 머독은 어느 날 밤 12시가 되었는데도 잠들지 않았고, 이방인들이 나타나 기억을 조작하는 충격적인

영화 〈다크 씨티〉, 이방인들이 현실을 조작하는 장면

광경을 목격하게 된다. 하지만 그는 연쇄살인범으로 쫓기게 되는데, 아내, 심리학자, 형사 등을 만나면서 도시의 숨겨진 비밀을 깨닫는다. 그리고 이방인들과 똑같은 현실 조작 능력을 얻으면서 자유를 획득하기 위한 싸움을 벌이게 된다. 영화의 마지막 장면은 영원히 밤이 계속될 것 같았던 다크 시티에 해가 떠오르며, 기억을 잃어버려서 자신을 알지 못하는 상태지만 그토록 사랑하는 아내를 다시 만나는 것으로 마무리된다.

이방인들과의 염력으로 전투를 벌이는 장면 등이 B급에 불과하다는 평가를 받기도 하지만, 〈트루먼 쇼〉처럼 통제되고 조작된 현실 속에서 자기 자신의 의지로 탈출한다는 점에 있어서는 명확한 주제 의식을 지니고 있으며, 이방인들이 초능력으로 우주 공간에 고립된 도시를 만들고 지구인들을 납치해서 기억을 조작하고 실험한다는 설정은 영화가 제작되었던 당시에는 매우 독창적이고 흥미로운 설정이었다.

모두가 잠들어 있으며, 아무도 현실을 있는 그대로 자각하지 못한다는 점에서 주인공 존 머독은 〈매트릭스〉의 네오와 같다. 하지만 네오는 〈매트릭스〉로부터 벗어나기 위한 투쟁의 장이 매트릭스 시스템이었던 반면, 존 머독은 잠에서 깨어난 현실에서 투쟁한다는 점이 다르다. 또한 〈매트릭스〉의 네오가 매트릭스라는 상상적 질서 속에서만 힘을 발휘할 수 있었던 것과 다르게 존 머독은 현실 그 자체를 바꿀 수 있는 능력을 지녔다는 점에서 오히려 신과 같은 위치에 있다고 할 수 있다.

〈다크 시티〉의 내러티브 구조는 인간이 조작된 세계 속에서 살아가고 있다는 점에서 철학자 플라톤(Platon)의 '동굴의 비유'와도 같다. 사지가 결박당해서 동굴 속에 갇혀 있는 죄수들이 있다. 이 사람들은 묶여 있기 때문에 뒤를 돌아볼 수 없고, 오직 동굴 벽에 비친 그림자들을 통해서만 사물을 인식할 수 있다. 하지만 이 사람들은 태어나면서부터 동굴 속에 묶여 있었기 때문에 자신들이 보고 있는 그림자의 세계가 진짜 세계라고 생각한다.

그런데 그중 한 사람이 사슬에서 풀려나 동굴 밖으로 나가게 되고, 동굴 벽에 비친 그림자의 세계가 아니라 실제 사물과 자연 만물을 보게 된다. 동굴 바깥세상을 직접 본 사람이 동굴로 되돌아와 묶여 있는 사람들에게 실제 세계에 대해서 말해 주지만, 사람들은 그의 주장을 믿지 않는다. 이와 같이 가시세계와 이데아에 대한 플라톤의 은유는 우리가 감각하는 세계가 실제가 아닐 가능성이 있다는 아주 오래된 형태의 주장이다.

이런 종류의 주장들은 현실에 대한 실천을 약화시키고, 고통의 의미를 희석한다. 이토록 고통스럽고 힘겨운 삶이 누군가에 의해 끊임없이 조작된 것에 불과하며, 그 현실을 탈출할 수 있는 마땅한 방법조차 없다면 세계를 변혁하기 위한 실천은 헛된 시도에 불과해진다. 작품 속에 등장하는 존재들은 그가 외계인이든 신이 아닌 초자연적인 존재이든, 혹은 발달한 과학기술이든 현실 세계의 질서 밖에 위치하면서 현실을 조작하고 관찰하는 전지전능한 존재는 절대적 타자로서 '신'과 같은 역할을 수행한다. 그들은 대부분 무자비하며 인간의 삶에 대한 존중이 결여되어 있다.

하지만 하나님께서는 자신의 즐거움을 위해 고통에 빠진 인간들을 관찰하는 사디스트(sadist)가 아니다. 그분은 에덴동산 중앙에 선악과를 만들어 두고 과연 인간이 그 열매를 먹을지 말지를 두고 천사들과 내기를 하는 사악한 존재가 아니시다. 오히려 하나님께서는 인간의 연약함을 아신다. 이 땅에 오신 그분께서는 인간의 연약함을 체휼하지 않으시고 참된 인간으로서 모든 일을 친히 겪으신 분이다.[10] 또한 이 자연 만물들은 조작된 허상에 불과한 것이 아니라 하나님의 영광을 드러내는 일반은총의 수단이다.[11] 시편은 하늘의 달과 별이 하나님의 영원하신 능력과 신성을 드러낸다고 노래한다. 세상 만물이 조작된 허상에 불과하다는 주장은 신에 대한 불신을 조장하고, 그가 만드신 자연 만물의 아름다움을 훼손하는 것이라 하겠다.

함께 생각해 봅시다

1. 사람들이 현실을 부정하고 혹시 조작된 허상에 불과하지 않을까 하는 상상을 하게 되는 근본적인 이유는 무엇인지 생각해 봅시다.

2. 인간은 세계관이라는 인식의 구조 안에서만 생각을 할 수 있습니다. 세계를 바라보는 눈은 결국 세계관의 토대를 이루는 신념체계로부터 기인하는 것입니다. 따라서 가치중립적인 판단은 불가능합니다. 불신자들과의 대화에서 이러한 개념들을 어떻게 활용하여 설득할 수 있을지 전략·전술의 관점에서 생각해 봅시다.

3. 하나님께서는 허상이 아니라 실제로 존재하고 계신 분이십니다. 생활 속에서 하나님의 살아 계심을 생생하게 경험했던 적이 있다면 함께 나누어 봅시다.

---

10 우리에게 있는 대제사장은 우리의 연약함을 동정하지 못하실 이가 아니요 모든 일에 똑같이 시험을 받으신 이로되 죄는 없으시니라(히 4:15).

11 창세로부터 그의 보이지 아니하는 것들 곧 그의 영원하신 능력과 신성이 그가 만드신 만물에 분명히 보여 알려졌나니… (롬 1:20).

③
지구를 공격하는 세력들 _ 삼체

중국의 작가 류츠신(刘慈欣)의 2006년 동명의 작품을 드라마화한 〈삼체〉(The Three-Body Problem)는 최근 넷플릭스에서 공개한 SF 장르의 작품 중에서는 가장 충격적인 상상력을 보여준다. 2024년 시즌1을 공개한 〈삼체〉는 지구 정복을 위해 자신의 별을 출발한 외계인이 400년 후면 지구에 도착할 예정이며, 빠른 속도로 발달하고 있는 지구의 과학 발전을 막기 위해 지구에 보낸 '지자'를 통해 모든 것을 모니터링하고 통제한다는 충격적인 내용을 담고 있다.

그런데 드라마 속에 묘사되는 외계인들의 능력이나 그들의 능력을 구현하는 방식, 그들을 대하는 방식이 '신'에 대한 전통적인 이미지를 모티브로 차용하고 있다. 〈삼체〉 시즌1 다섯 번째 에피소드 '심판일'에는 다음과 같은 대화가 등장한다.

토머스 웨이드: 왜죠? 왜 그들 배가 박살 나고 당신 남자 친구
　　　가 죽게 두죠?

예원제: 그들 행위의 이유는 내 이해력 밖에 있어요. 그래도 괜
　　　찮아요. 그들이 우릴 우리로부터 구하러 온다는 걸 아니까
　　　요. 그들만이 할 수 있는 일이죠.

토머스 웨이드: 자기가 아는 걸 조심해요. 대개 거기서 문제가
　　　시작되니까. 나도 아는 게 있죠. 알아요. 방금 내가 그걸 조
　　　심하랬죠. 그래도 내가 아는 게 당신 흥미를 끌 거 같네요.

예원제: 지금 내 믿음을 깨려고 하는데 내 믿음은 당신보다 강
　　　해요. 그들이 당신보다 강하니까.

토머스 웨이드: '안다'가 '믿음'으로 바뀌는데 30초 걸렸네요.
　　　괜찮아요. 믿음 좋죠. 나도 믿어요. 그들이 도착하면 우리가
　　　싹 쓸어버릴 거라고.

예원제: 내 믿음이 당신에겐 우습겠지만 내겐 당신 믿음이 더
　　　우습네요.

이 짧은 대화 속에는 예원제가 외계인들에게 가지고 있는 맹
목적인 믿음이 잘 드러난다. 세상에 일어나는 불행한 일들도 다
외계인들의 뜻이고, 그 불행의 목적은 인간의 이해력 밖에 있기
때문에 모두 이해할 수 없지만, 결국 그들이 심판의 날에 도래하
여 인간을 구원해 줄 것이라고 예원제는 믿는다. 이 대사는 정확
히 기독교의 종말론의 교리를 모방한다. 그리고 이러한 생각은
합리적이고 객관적인 사실에 기초하는 것이라기보다는 맹목적

인 '믿음'에 기반을 두고 있다는 토머스 웨이드의 지적은 이 작품이 비판의 대상으로 삼고 있는 기독교에 대한 의식을 드러낸다.

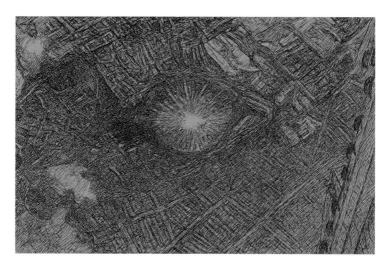

드라마 〈삼체〉, 하늘 위에 나타난 거대한 눈

작품 내에서 외계인들에 대한 묘사는 "모든 것을 보며, 모든 것을 알고, 어디에나 있다"라고 진술한다. 이러한 진술은 전통적으로 신의 속성인 '전지성', '전능성', '무소부재성'의 카피캣(copycat)이다. 지구의 상공 위로 나타나는 거대한 눈동자는 마치 진실을 꿰뚫어 본다는 제3의 눈인 '호루스의 눈'을 형상화한 것처럼 보인다. 이 거대한 눈동자로 상징되는 지자를 통해 삼체인은 지구에 존재하는 모든 인류를 통제하고 감시한다.

대부분의 종말의 세계관을 가진 드라마나 영화의 설정이 그런 것처럼 사회는 무정부 상태로 흘러가게 되고, 삼체인을 적극적으로 맞이해야 한다고 주장하는 종교적인 분파마저 생겨나면서 사태는 더 심각해진다.

기독교의 진술	삼체의 차용과 변용
신은 전지, 전능, 무소부재하다	삼체인은 전지, 전능, 무소부재하다
재림을 기다리는 교회가 있다	삼체인을 기다리는 종교가 있다
심판의 날은 아무도 알 수 없다	심판의 날은 400년 후에 도래한다
신은 인간을 사랑한다	삼체인은 인간을 벌레라고 부른다
죄인인 인간을 사랑한다	죄인인 인간을 혐오한다

〈삼체〉는 전통적인 신에 대한 진술을 차용하여 변용한다. '어둠의 숲' 가설을 이용하여 낯설고 이질적인 것은 위협이 될 수밖에 없고 이런 점에서 이해의 범주를 벗어나 있는 삼체인들은 궁극적인 위협으로 간주된다. 삼체인에 대한 진술이 신에 대한 그것과 일치한다는 점에서 이러한 묘사는 신을 낯설고 이질적인 것으로 만들고, 인간과 교통하는 신이라기보다는 압도적인 힘을 가지고 있는 위협으로 받아들이도록 한다.

미디어는 '외계인'이라는 설정을 통해 전통적인 신에 대한 이미지를 해체하고, 전혀 다른 이미지인 '잔인한 신'의 이미지로 대체한다. 그 시도는 은밀하고 그럴듯하며, 이야기의 구조를 가지고 있기 때문에 '설교'보다 설득력이 높다. 미디어는 끊임없이 새로운 세계를 창조하고 하나님에 대한 진술을 왜곡한다.

인간의 상상력은 본래 창조의 명령을 수행할 수 있게끔 하나님께서 주신 능력이었지만, 현재는 죄의 파괴적인 영향력 아래에 있다. 따라서 상상력은 무제한적으로 자기 자신을 확장해서는 안 된다. 성경이 지시하는 한계 안에서 성령의 조명을 받아 세속적 상상력은 거룩한 상상력으로 거듭나야 한다. 크리스천조차도 쇼비즈니스 관점에 함몰되어 자극적이고 흥미로운 것을 좋은 콘텐츠에 대한 판단의 기초로 삼는다면, 자극과 도파민이 분출되는 욕망의 세계 밖으로의 탈주는 불가능한 것이 된다. 따라서 크리스천은 성경 텍스트에 대해 알아야 하며, 그 텍스트를 통해 세상을 볼 수 있는 안목을 길러야 한다.

함께 생각해 봅시다

1. 만일 예수님이 다시 오시기 전에 지구가 멸망의 위험을 맞이한다면, 어떤 이유에서일지 상상력을 발휘하여 3가지를 선정해 보고 그 이유에 대해 나누어 봅시다.

2. 크리스천들이 일반적으로 가지고 있는 편향된 사고방식에 대해 찾아보고 의견을 나누어 봅시다.

3. 예수님은 세속 제국의 욕망과 다른 질서 체계로 제자들을 초대하시면서 새로운 하나님 나라의 비전을 제시해 주셨습니다. 세속 제국의 질서와 하나님 나라의 질서가 다른 점을 표로 만들어 정리해 보세요. 그리고 그중 어떤 비전이 가장 나에게 감동을 주는지 나누어 봅시다(눅 4:17-21).

④
현대판 '변신 이야기', 괴물 아포칼립스
_ 스위트 홈

과학기술이나 외계인이 불러오는 종말론적 세계와는 다르게 좀비로 인해 세계 종말이 발생한다는 상상은 이제는 대중적인 것이 되고 말았다. 해외 작품으로는 〈월드워Z〉, 〈레지던트 이블〉 시리즈, 〈나는 전설이다〉, 드라마 〈워킹 데드〉 등이 있고, 국내 작품으로도 〈서울역〉, 〈부산행〉, 〈반도〉, 〈창궐〉, 〈지금 우리 학교는〉, 〈킹덤〉, 2025년 최근작인 〈뉴토피아〉 등이 있다. 인간이 인간이 아닌 다른 무엇인가로 변한다는 점에서 본다면, 좀비 세계관은 일종의 괴물 아포칼립스(apocalypse)를 묘사한다고 할 수 있다.

괴물이 등장하면서 인간의 변신 이야기가 등장하는 작품으로는 애니메이션 〈도쿄 구울〉, 〈진격의 거인〉, 〈귀멸의 칼날〉 등도 유사하다고 할 수 있다. 전통적으로 인간이 다른 존재로 변하는 '변신' 이야기의 현대적인 유형이 주로 뱀파이어와 늑대인간 이야기에 집중되어 있었다면, 최근에는 다양한 종류의 변신 이야기가 등장하고 있는 셈이다. 오비디우스(Pūblius Ovidius Nāsō)의 〈변신 이야기〉는 자연과 신의 위계질서를 재맥락화한다. 본래 그리스 신화에 등장하는 신들은 자연적인 질서나 운명을 무조건 거스를 수 없다. 하지만 신과 자연 사이에 인간이 끼어들면서 사태는 변한다.

변신 이야기의 대표적인 내러티브 중 하나인 '아라크네의 이야기'는 변신의 맥락을 가장 잘 보여준다. 예술적인 기량을 지닌 아라크네는 미네르바가 직접 찾아와 그녀의 오만함을 꾸짖지만 이에 대해 받아들이지 않는다. 결국 아라크네는 미네르바와 베짜는 승부를 벌이게 되는데, 이 대결의 결과 여신은 아라크네를 거미로 만들어 버린다. 신-자연의 관계에 인간이 끼어들면서 질서는 깨지고 인간은 다른 존재로 변하게 되는 것이다.

이와 같은 변신 이야기의 모티브는 현대 문화에서는 괴물 아포칼립스라고 부를 수 있는 일종의 새로운 장르를 창조하고 있다. 본래 인간이었던 존재가 바이러스, 초자연적 현상 등으로 인해 전혀 다른 존재로 변신하는 이야기이다. 사실 이런 구도는 헬레니즘 특유의 자유분방함을 전제로 한다. 모든 것은 변하고, 본래의 형상을 버리고 새로운 형상으로 끊임없이 재창조된다는 이러한 사상은 직선적인 기독교의 서사와는 충돌하는 인식 체계를 가지고 있다.

동명의 웹툰을 원작으로 하는 〈스위트 홈〉은 대표적인 현대판 신화이며, 본격적으로 변신 이야기를 다루고 있는 괴물 아포칼립스 세계관을 가진 작품이다. 넷플릭스 오리지널 작품인 〈스위트 홈〉은 어느 날 인간이 갑자기 괴물로 변하는 세상을 배경으로 한다. 사람들은 저마다 자신의 욕망이 구현된 형태의 괴물로 변하기 시작하는데, 괴물화가 시작되면 환청과 환각이 시작된다.

예를 들면, 살고 싶은 욕망으로 괴물이 된 '촉수괴물'은 괴물이든, 사람이든, 시체든 무조건 공격하는 성향을 가지고 있으며, 연예인 지망생으로 살다가 식욕으로 인해 변이 된 '식탐괴물'은 자기가 키우던 고양이까지 먹어 치울 정도로 모든 것을 잡아먹는다. 이런 상황에서 은둔형 외톨이인 고등학생 차현수(cast 송강)는 괴물과 싸우면서 살아남은 이웃들을 구하기 위해 고군분투한다는 줄거리를 담고 있다.

다른 변신 이야기와 〈스위트 홈〉은 상당한 차이점을 가지고 있는데, 대부분의 변신 이야기는 인간으로서의 존재가 다른 존재로 변한 이후에 겪게 되는 "인간이란 무엇인가?", "나는 어떤 존재인가?"라는 정체성과 관련된 질문을 품고 있다면, 〈스위트 홈〉은 인간의 날것 그대로의 욕망을 강조하면서 괴물보다 오히려 '더 괴물 같은 존재가 인간'이라는 주장을 담고 있다. 따라서

〈스위트 홈〉에 등장하는 괴물은 욕망에 전착하는 극단적인 인간형의 상징이다. 사람들은 먹는 것에, 누군가를 미워하는 것에, 누군가를 지키고 싶다는 마음에, 심지어 괴물을 막고 싶다는 욕망에 자기 자신을 내던진다. 괴물은 극단적인 형태의 인간 욕망의 분출일 뿐 정도의 차이가 있다는 점에서는 여전히 인간이라고도 할 수 있다.

웹툰 〈스위트 홈〉 연근 괴물

따라서 종말론적인 구조를 가진 〈스위트 홈〉은 실제로는 신자유주의 질서 아래에서 자신의 욕망에 휘둘리는 현대인들의 자화상을 은유적으로 표현한 작품으로도 볼 수 있다. 영화 〈기생수〉에서도 지구를 황폐하게 만드는 것은 인간 존재임을 분명하게 하는데, 〈스위트 홈〉에서도 '행복한 집'으로서의 거주 공간을 파괴하는 것이 인간의 욕망임을 분명하게 지적한다. 인간은 끊임없이 외부로부터 영향을 주고받으면서 변화하기 마련이지만, 긍정적인 존재로 변화되기보다는 부정적인 영향력을 빠르게 체화한다.

〈스위트 홈〉에 등장하는 괴물들은 개인적인 욕망이라기보다는 사회적인 욕망에 사로잡혀 있다. 이런 점에서 인간의 욕망은 본래 개인적이라기보다는 사회적인 것이라고 할 수 있겠다. 타인이 존재하지 않으면 욕망도 존재하지 않는다. 인간은 언제나 다른 사람과 자신을 비교하면서 욕망의 대상을 욕구한다. 욕망은 언제나 타자의 욕망을 모방하는 것에 불과하며, 사회적인 성질을 지닌다. 그래서 창세기에서도 이브는 뱀을 매개자로 삼아 선악과를 욕망하고, 아담은 이브를 매개자로 삼아 선악과를 욕망한다.

인간은 서로가 서로에게 욕망의 매개자가 될 뿐 욕망의 목적이 될 수는 없다. 욕망은 결국 인간을 괴물로 만든다. 주인공인 차현수는 인간이면서 동시에 괴물인 경계선적인 인물이다. 욕망을 인식하고 있지만 그 욕망에 사로잡혀 있지는 않다. 은둔형 외톨이의 자리로부터 다른 사람을 지키기 위한 자리로 변신한다는 점에서 차현수의 욕망은 '다른 사람을 지키는 것'이라고도 할 수 있다. 욕망이 주체를 잠식하지 못하고 타자와의 관계적인 측면으로 나갈 때 욕망은 힘을 잃는다. 차현수의 욕망은 더 이상 타자의 욕망이 아니다. 타자를 위한 욕망이다.

함께 생각해 봅니다

1. 인간의 욕망이 사회적인 성격을 가진다는 말에 대해서 서로 생각을 나눠 봅시다.

2. 야고보서 1:14-15을 읽고 인간의 욕망의 기본적인 성질에 대해서 정리해 봅시다. 욕망은 사람을 어떤 상태로 몰아갑니까? 또한 그 욕망의 결과는 무엇입니까?

3. 헤롯 안티파스, 헤로디아, 세례 요한의 욕망을 각각 분석해 보십시오. 여러분은 어떤 인간 유형에 속합니까?

5

신이 사라진 절망적인 세계 _ 루시퍼

"만일 신이 선하다면, 이 세계에 악이 가득한 이유는 무엇일까"라는 진지한 질문은 신학에서 매우 중요하게 다루는 질문 중 하나이다. 선지자 하박국은 이 땅에 가득한 불의와 부정의 문제에 대해 하나님께서 왜 침묵하고 계신지에 대해 질문을 던진다. 하박국 1장 2절에서 그는 "여호와여 내가 부르짖어도 주께서 듣지 아니하시니 어느 때까지리이까 내가 강포로 말미암아 외쳐도 주께서 구원하지 아니하시나이다"라고 토로한다. 선지자에게는 마치 하나님께서 불의와 강포에 대해 침묵하고 계신 것처럼 느껴졌다.

신학의 매우 중요한 주제 중 하나인 '신의 침묵'의 문제를 정면으로 다룬 작품 중 가장 주목할 만한 작품은 엔도 슈사쿠(遠藤周作)의 동명의 소설 『침묵』을 마틴 스콜세지(Martin Scorsese) 감독이 영화화한 〈사일런스〉(Silence)가 있다. 이 작품은 17세기 일본의 에도 시대에 천주교를 박해하던 '키리시탄' 박해를 배경으로 한다.

예수회 선교 사제들은 신앙을 지키기 위해 핍박 속에서 살아가는 일본 성도들, 그리고 수많은 번민 속에서 신앙을 저버린 배교자들의 모습 속에서 "왜 신은 침묵하고 있는가?", "신이 존재한다면 악이 왜 존재하는가?"라는 질문을 던진다. 엔도 슈사쿠의 『침묵』의 배경이 된 일본 나가사키(長崎)에는 그의 문학을 기념하는 '침묵의 비'가 세워져 있는데, 이 비에는 "인간이 이렇게도 슬픈데, 주여, 바다가 너무나 푸릅니다"라고 적혀 있다. 세상의 불의와 부정에도 불구하고 침묵하고 있는 신에 대한 고통스러운 의문이 여기에 깊이 담겨 있다.

신의 침묵에 대한 진중한 질문을 던지는 또 다른 작품으로는 영화 〈프리스트〉(Priest, 1996)가 있다. 안토니아 버드(Antonia Bird) 감독의 〈프리스트〉는 동성애자 신부라는 파격적인 소재를 다루고 있다. 리버풀의 빈민가에 있는 작은 교구로 부임한 젊은 신부 그렉(cast Linus Roache)은 진보적인 신부인 매튜와 지내게 된다.

그레그 신부는 우연히 게이바에서 만난 그레이엄이라는 이름의 청년과 사랑을 나누게 되면서 심리적인 갈등을 겪는다. 그런데 고해성사를 받던 중 어린 소녀인 리사가 의붓아버지로부터 성폭행을 당하고 있다는 사실을 알게 되면서 리사를 구출해야 한다는 생각과 고해성사의 내용을 공개해서는 안 된다는 규율 사이에서 고뇌하게 된다.

이 영화의 백미는 벽에 걸린 십자가의 예수님을 향해 그렉이 독백을 하는 장면이다. 그는 자신은 사제의 규율에 얽매여 있는 단순한 사제에 불과하지만 신인 예수께서는 규율 그 자체를 만들기도 하고 폐기하실 수도 있는 분이라는 사실을 지적하면서 "그 작은 소녀가 처참한 폭행을 당하고 있을 때 당신은 무엇을 하고 계셨습니까?"라고 질문한다.

이처럼 신이 침묵하는 세계는 인간에게는 절망적인 세계이다. 신이 아무것도 하지 않는다면, 신은 존재하지 않는 것이나 다름없다. 영화적 상상력은 여기서 한 발 더 나아가 '신이 사라지고 남겨진 세계'에 대한 이야기를 구상해 내기 시작했다. 만일 "정말 신이 사라진다면 어떤 일이 벌어질까?"

이런 발칙한 상상을 담고 있는 작품들 중에는 신이 사라진 세계에서 천사와 악마, 인간 사이에 전쟁이 벌어진다는 이야기를 담고 있는 경우가 많다. 악마를 저지할 수 있는 신이 부재하기 때문에 악마들은 활개를 치기 시작하고, 사라진 신의 뜻을 알 수 없기 때문에 천사들 사이에서는 이견이 발생한다. 천사와 악마 사이에서 인간은 언제나 패권 전쟁에 끼어들기 마련인데, 어느 한편에 속하여 전쟁을 수행하는 영웅 서사를 가지게 된다.

신이 사라진 세계를 세계관으로 가진 대표적인 작품으로

는 2005년부터 2020년까지 방영된 드라마인 〈수퍼내추럴〉 (Supernatural)이 있다. 주인공 윈체스터 형제가 곳곳을 다니며 초자연적인 현상들을 해결하는 내용을 담고 있는 작품으로 기독교의 신, 천사, 악마들이 거침없이 등장한다. 시즌5에서 천사 카스티엘은 루시퍼와의 전투에서 승리하기 위해 신을 찾으려고 하지만, 천사장 라파엘은 "신이 죽었다"라고 말한다. 결국 다른 천사들과 악마까지 얽혀 있는 전투에서 최종적으로 승리한 카스티엘은 천사임에도 불구하고 신의 역할을 하게 되는 등 전통적인 기독교 관점에서 본다면 신성모독이나 다를 바 없는 주장이 즐비하기 때문에 호불호가 심하게 갈리는 편이다.

한편, DC 코믹스를 원작으로 하는 드라마 〈루시퍼〉(Lucifer)는 신의 아들로 등장하는 루시퍼 모닝스타를 주인공으로 다룬다. 지옥의 군주 자리에서 은퇴한 루시퍼는 미국 LA에서 고급 나이트클럽을 운영하는 사장으로 살아가고 있다. 온갖 난잡한 생활을 즐기면서 욕망의 도시에서 살던 그가 강력계 미녀 형사인 클로이 데커를 만나면서 살인사건을 해결하는 데 도움을 주며 펼쳐지는 이야기가 기본적인 스토리이다.

시즌이 거듭되면서 다른 천사들인 아메나디엘, 유리엘, 아즈라엘, 미카엘, 자드키엘, 가브리엘, 조피엘 등이 등장하며, 심지어 '이브'도 등장한다. 작품 내에서 루시퍼는 자신을 지옥에 처박은 아버지 신에게 강한 반감을 가지고 있으며, 신이 자신의 능력을 제거한 채 인간 세상에 내려오거나 루시퍼와 함께 식사를 하기도 한다. 에피소드 중에는 신이 자신의 능력을 조절하지 못하게 되어 벌어지는 일들을 다루는 에피소드도 있으며, 시즌 5에서는 신이 은퇴할 때가 된 것 같다는 말을 남기고 사라지기도 한다. 이후, 신의 은퇴로 인해 공석이 된 신의 자리에 루시퍼가 오르게 되기도 한다.

드라마 〈루시퍼〉, 루시퍼와 클로이 데커

물론 DC 원작을 가지고 있기 때문에 코믹스 내에서는 다른 히어로들과 만나기도 하는 등 다양하고 흥미로운 이벤트가 있긴 하지만, 이 작품만큼이나 기독교의 전통 서사에 도전하는 작품도 없다. 사탄인 루시퍼를 욕망에 가득 차 있으나 매력적인 인물로 묘사하면서 심지어 그가 신의 자리까지 찬탈하기 때문이다.

이런 반기독교적인 내용에도 불구하고 해외에서는 대중들의 호평을 받으며 열렬한 팬덤까지 형성되어 있다. 실제로 FOX사에서 시즌3으로 드라마를 종영하기로 결정한 이후 'SaveLucifer' 운동이 일어나기도 한 터라 넷플릭스에서는 이런 대중의 반응을 바탕으로 이후 시즌을 연장하는 결정을 내렸다고 한다.

이러한 작품들이 대중적인 호응을 얻는 근본적인 이유는, 삶에는 결함과 고통이 존재하는데 신이 나에게 무관심한 것 같다는 정서가 깔려 있다. 내 삶과 아무 상관이 없는 신이라면 차라리 내 소원을 들어주는 악마와 손을 잡겠다는 것이다. 신자유주의 질서 체제로 들어서면서 경제적인 양극화가 극심하게 일어나고 코로나 팬데믹으로 인해 경제의 성장 동력은 멈추고 말았다.

게다가 최근 생성형 인공지능이 본격적으로 대두되면서 새로운 일자리가 생겨나는 만큼 기존의 일자리가 감소하는 극심한 변동이 일어나고 있다. 사회 질서의 재편과 빠른 변화는 사람들로 하여금 불안감을 느끼도록 만들고, 인간이라면 누구나 불안감을 해소하고 안정감을 되찾고자 하는 욕망이 있다. 〈루시퍼〉와 같은 작품은 이런 욕망을 자극한다. 악마라 할지라도 내 편이 되어 준다면 극심한 경쟁사회에서 승리하는 것이 가능해질 것이다. 살아남을 수만 있다면 악마와도 손을 잡겠다는 사람들이 자연스럽게 늘어날 수밖에 없는 환경이다.

하지만 신이 나에게 무관심하다면 악마와라도 손을 잡겠다는 식의 생각은 언제나 내 편과 저편을 날카롭게 나누는 이분법적인 사고방식을 기반으로 작동한다. 내 편에 속한 사람들은 어떤 잘못을 해도 서로 비판하지 않고 편을 들어주고, 저편에 속한 사람들에게는 무자비한 배제의 논리를 적용한다. 내 편을 들어준다면 누구라도 상관없고, 성공과 승리를 위해서라면 악마와라도 손을 잡겠다는 사람은 결코 기독교적인 윤리를 지닌 사람은 아니다.

성경은 인간이 하나님 편에 있는지를 먼저 질문한다. 하나님의 계획은 인간으로서는 모두 알 수도 없지만, 설령 안다 해도 하나님의 뜻이 항상 우리의 욕망과 일치하는 것은 아니다. 오히려 성경은 너희가 하나님 앞에서 구하여도 얻지 못하는 이유가 욕망을 위해서 구하기 때문이라고 지적한다.[12] 하나님의 뜻이 만일 내가 이해하는 한도 내에서 움직이는 것이라면 나는 결코 하나님을 인정하지 않을 것이다. 내 옆에 있는 사람의 생각도 다 알 수 없거늘 하물며 나의 알량한 식견으로 모든 것이 이해 가능한 신이라면 그런 존재가 어떻게 신일 수 있겠는가?

---

12 구하여도 받지 못함은 정욕으로 쓰려고 잘못 구하기 때문이라(약 4:3).

신의 침묵은 우리를 고통스럽게 만들지만, 그럼에도 불구하고 우리는 파란 바다를 바라보면서 아픈 가슴을 부여안고서도 하나님을 찬양해야 한다. 이것이 바로 "그렇게 하지 아니하실지라도"(단 3:18)라고 말하며 풀무불을 선택할 수 있는 태도이다.

함께 생각해 봅시다

1. 지금까지 살아오면서 하나님께서 내 삶에 대해 침묵하고 계신 것처럼 느껴져서 심각한 절망에 빠져 본 경험이 있다면 함께 나누어 봅시다.

2. 악한 사람들은 수단과 방법을 가리지 않고 성공하는데, 선한 사람들은 수단과 방법을 가리다 보니 성공하지 못하거나 혹은 더 어렵게 성공합니다. 그럼에도 불구하고 왜 어려운 길을 선택해야 하는지 생각해 봅시다. 좀 더 쉬운 길을 선택하고 싶은 생각에 사로잡혀 본 경험이 있다면 함께 나누어 봅시다.

3. 나의 욕망대로 이루어 주시지 않아서 하나님을 원망했던 일이 오히려 변하여 나에게 복이 되었던 경험이 있는지 생각해 봅시다.

6

포스트 아포칼립스 _ 설국열차

영화와 드라마 속 세계는 현재 이른바 대재앙의 시대이다. 세계의 종말에 관한 이야기는 동서양을 막론하고 많은 사람들의 상상력을 자극하고 관심을 끄는 소재이다. 영화와 드라마 속에서 지구는 언제나 위협을 받는데, 외계인뿐 아니라 바이러스로 인한 질병의 창궐, 인공지능의 공격, 운석의 충돌, 기후의 대격변, 괴생명체의 출현, 핵전쟁 등 다양한 이유로 지구는 종말을 맞이한다. 현재 '포스트 아포칼립스' 세계관을 지닌 작품들은 그 수를 모두 다 헤아리지 못할 만큼 쏟아져 나오고 있는데, 영화적 상상력 속에서 지구는 거의 매일 위기를 맞이하고 있는 셈이다.

'포스트 아포칼립스'란 요한계시록의 그리스어 표기인 '아포칼립시스'(ἀποκάλυψις)라는 단어에 '~의 이후'라는 의미인 'Post'를 붙여서 세계 멸망 이후를 의미하는 개념이다. 주로 멸망의 원인이 인간의 행동의 결과인 경우가 많다. 핵전쟁이나 사람들이 개발한 바이러스, 기계의 반란 등이 이런 유형이다. 포스트 아포칼립스 세계는 지구가 황폐화되고 경우에 따라 〈매드맥스〉 세계관처럼 사막화가 진행되거나 〈설국열차〉의 경우처럼 빙하기에 접어드는 경우도 있다. 이러한 환경 문제로 인해 극심한 자원 부족 현상이 일어나고 문명은 퇴화되어 무정부 상태에서 약탈과 폭력이 난무한다.

포스트 아포칼립스 세계관을 배경으로 하는 작품으로는 〈나는 전설이다〉, 〈워터월드〉, 〈다이버전트〉, 〈레지던트 이블〉, 〈매트릭스〉, 〈메이즈 러너〉, 〈버드 박스〉, 〈원 헌드레드〉, 〈매드맥스〉, 〈어둠 속으로〉 등 이외에도 셀 수도 없을 만큼 많은 작품들이 있으며, 국내 작품으로는 〈부산행〉, 〈반도〉, 〈설국열차〉, 〈콘크리트 유토피아〉 등이 있다.

그중 〈설국열차〉는 동명의 만화를 원작으로 하는 2013년 봉준호 감독의 작품으로 전쟁으로 인해 도래한 빙하기에 살아남은 사람들의 이야기를 담고 있다. 〈설국열차〉는 극한의 상황에서 인간의 생존을 위협하는 것이 인간 그 자체임을 보여준다. 한정된 공간에서 한정된 자원을 두고 계급과 계급 간에 벌어지는 전쟁은 현실의 축소판이다. 탈출의 가능성이 없는 외부 세계와 단절된 공간에서의 전쟁은 더 잔혹하고 절망적이다.

목적지도 없이 정해진 궤도를 돌고 있는 설국열차 안의 기차

칸은 현실 세계의 모사에 불과하다. 그것은 현실 세계가 아니라 현실 세계를 모방해서 만들어 낸 그림자 세계이다. 식당, 유치원, 식물원, 해양수족관, 도축장, 사우나 심지어 나이트클럽까지 존재한다. 빙하기가 도래하기 이전 인간이 살아가던 생활세계의 공간을 유사하게 재현하고 있다는 점에서 기차 안은 플라톤의 '동굴'과 같은 장소이다. 실제 세계와 닮아 있지만 그것은 실제 세계가 아니기 때문이다. 그럼에도 불구하고 기차 안의 세계를 만들어 낸 월포드는 스스로 이 공간을 '인류 그 자체'라고 표현한다.

하지만 정작 기차 속에서 살아가고 있는 사람들은 세기말적인 분위기 속에서 향락에 빠져 살아가고 있다. 남궁민수(cast 송강호)는 기차의 보안을 설계하고 담당한 책임자로 그 누구보다 이 세계의 진실에 접근한 인물이다. 그는 기차 안에 존재하는 세계를 뒤집으려고 시도하지 않고, 그 세계 밖으로 뛰쳐나가고자 하는 인물이다. 플라톤의 동굴의 비유에 등장하는 동굴 밖을 내다보는 철인(哲人)이다.

동굴 속에 묶여 있는 죄수들 모두가 그림자만을 바라보면서 살아가지만, 오직 그만이 탈주를 기획한다는 점에서 그는 진정한 의미의 혁명가에 가깝다. 주인공인 커티스(cast 크리스 에반스)는 꼬리칸으로부터 시작된 혁명을 통해 지배계급과 피지배계급의 위치를 전복시키려고 하지만, 결국 머리칸에 이르러서야 '기차칸 안에서의 삶이란 무엇인가'에 대한 진실에 도달하게 된다는 점에서는 다소 전형적이다.

기차칸에서는 살아남은 사람들끼리 지배계급과 피지배계급으로 나뉘어 폭력, 착취, 살인, 종교, 정치, 음모, 통제 등이 휘몰아친다. 영화에서 끊임없이 반복되는 '각자의 자리'와 '균형'은 열차의 체계를 유지하기 위한 지배계급의 이데올로기이다. 기차의 총리(cast 틸다 스윈튼)는 사람마다 주어진 칸이 있다고 말한다. 아리스토텔레스(Aristoteles)가 합목적적인 태도를 강조하면서 "노예는 노예로 살아갈 때 가장 행복하다"고 말했던 것처럼 각자 주어진 칸에서의 삶에 만족하고 균형을 유지하는 것이야말로 '이상적인 삶'이라고 그녀는 말한다.

하지만 그녀는 이 균형을 유지하기 위해 일정한 개체수를 유지해야 하고, 개체수 유지를 위해 주기적인 꼬리칸의 반란을 통해 폭력과 살인이 자행되어 왔다는 사실은 은폐한다. 오히려 지배계급은 균형을 위해 반란을 유도한다. 끊임없이 좌절되어 왔던 꼬리칸의 반란은 사실은 거짓에 불과한 혁명이었던 셈이다.

꼬리칸 사람들은 바퀴벌레를 갈아 만들어진 단백질 블록을 배급받으면서 살아가지만 혁명의 가능성이라는 일말의 희망을 품고 살아왔다. 하지만 그 가능성조차 지배계급에 의해 구상된 것에 불과했고, 지배계급은 주기적인 반란을 체제 유지를 위한 통제를 정당화하는 헤게모니(hegemonie, 어떤 집단을 주도할 수 있는 권력이나 지위)로 활용해 왔다. 이런 측면에서 커티스의 혁명은 기차의 앞칸이 아니라 기차 밖으로 향했어야 했다.

푸코는 베이컨(Francis Bacon)의 "아는 것이 힘이다"라는 주장을 뒤집어 "힘이 지식이다"라고 말한다. 권력은 지식의 내용과 진리의 규범을 생산한다. 동굴 밖의 세계가 존재한다는 가능성 그 자체를 말살하는 방식으로 지식은 정당화의 조건이 된다. 기차가 달리도록 하는 원동력은 '엔진'에 있으며, 이 엔진을 소유한 자가 곧 '신'이다. 그가 기차 안의 모든 생활세계의 규율의 기준이며, 그가 창조한 엔진은 신성하고 거룩하다.

월포드는 기차 밖의 삶은 존재하지 않는다고 말한다. 푸코는 학교, 감옥, 병원, 군대와 같은 장소에서 지식이 어떻게 신체를 규율하는지를 추적한다. 그는 감옥을 다룬 『감시와 처벌』, 병원을 다룬 『정신병과 심리학』, 『임상의학의 탄생』 등을 통해 '근대적인 장소'들이 가진 의미를 탐색하고자 했다. 이 과정은 은폐되어 있는 권력과 지식의 관계를 폭로하는 것이었다.

아이들은 학습자료를 시청하면서 세계의 역사와 질서를 배운다. 기차의 구조와 역사에 대해, 기차 안에서 일어난 반란에 대해, 기차 밖에 존재하는 세계에 대해 공부한다. 아이들은 천체의 운행을 학습하는 대신 기차의 아름다운 궤적에 대해 배우고, 이 세계의 창조자와 엔진의 신성함에 대해 노래한다. 여기에는 한 점의 의심이 없다.

영화 〈설국 열차〉 열차 속 아이들이 열차에 대해 학습하는 장면

이 장면에서 아이들이 부르는 천진난만한 노래는 권력이 어떻게 지식을 생산하고, 지식으로 정당화된 규율과 질서가 어떻게 현실을 지배하는지 상징적으로 보여준다. 이 장면은 우리가 살아가는 실제 현실 세계를 건조하게 비추는 거울과도 같다. 권력은 아이들을 대학입시라는 좁은 틀 속으로 몰아넣고, 대학의 서열에 따라 정해진 자리에서 만족하면서 살아가는 것이 소소한 행복을 누리는 것이라고 정당화한다.

신자유주의의 질서는 부자와 가난한 자 사이를 극단적으로 양극화한다. 인류 역사상 부의 분배가 이토록 불균형을 이루었던 시대는 단연코 없었다. 현실 세계 전체가 교실이 되어 사람들은 저마다 코인과 부동산에 매몰되어 살아남을 수 있다고 외치지만 정작 이 세계의 밖으로 탈출할 생각은 하지 못한다. 커티스의 혁명은 기차 밖의 세계로 향하지 못했다는 점에서 그 시작부터 실패가 예견된 것이었다.

포스트 아포칼립스 세계관을 가진 작품들은 하나같이 인간의 욕망과 그 욕망을 투사한 새로운 지배계급을 보여준다. 그 욕망의 정점에서 스스로 신이 되고자 하는 인간이 서 있다. 인간이 품고 있는 가치와 생각들은 권력이 생산해 낸 지식의 그물망, 권력의 언술 밖에서는 존재할 수 없다. 그럼에도 불구하고 사람들은 정치 지향성, 성별, 인종, 세대, 계급, 종교 등으로 나뉘어 서로를 격렬하게 비난한다. 열렬한 자유를 추구하지만 그 자유의 내용조차 규정된 것임을 깨닫지 못한다.

신이 사라진 세계에는 또 다른 이름의 신이 존재할 뿐이다. 참된 자유와 실천의 가능성은 이 세계의 질서 밖으로 뛰쳐나가는 것이다. 그래서 주님께서는 로마 제국의 질서 밖으로, 유대인들의 종교적인 관습 밖으로 우리를 초청하신다. 복음은 죄와 욕망의 구조 속에서 신음하는 인간을 규율과 체제 밖으로 인도하는 유일한 길이며 진리이다. 체제 안에서의 삶이 죽음을 향한 길이라면, 체제 밖으로의 탈주는 생명으로 향하는 길이다.

그래서 예수의 가르침에 대해 지배계급은 격렬하게 반응한다. 체제 전복의 위험성이 복음 안에는 자리잡고 있었기 때문이다. 하지만 현재 교회는 복음의 가치를 잃어버렸다. 이토록 위험한 사유인 복음을 구조와 체제 속으로 밀어 넣어 박제로 만들고 오히려 체제를 정당화하는 이데올로기로 만들어 버렸기 때문이다. 복음에는 현실에 대한 분노와 슬픔을 끌어안고 이집트라는 거대한 제국 너머로 탈주를 강행하도록 하는 능력이 있다.

함께 생각해 봅시다

1. 땅 위에 충만하라는 하나님의 창조명령은 땅끝까지 이르러 내 증인이 되라는 예수님의 대명령으로 이어졌습니다. 현재 일어나고 있는 자본주의 질서 안에서의 극심한 양극화에 대해 성경적인 안목은 무엇이라고 이야기하는지 생각해 봅시다.

2. 환경문제를 해결하기 위해 우리 교회가 할 수 있는 구체적이고 실천 가능한 방안들을 생각해 보고 리스트로 만들어 보세요.

3. '자율'이 좋은 것이라는 생각의 뿌리는 어디에 있으며, 성경은 여기에 대해 무엇이라고 말하고 있는지 의견을 나누어 봅시다.

7

새로운 세계로의 탈출 _ 재벌집 막내아들

　사람들은 언제나 현실로부터의 탈출을 꿈꾼다. 현실의 조건과 상황이 암울하면 암울할수록 새로운 세계를 꿈꾸기 마련이다. 최근 극단적인 양극화 현상과 부동산 가격의 폭등으로 인해 사람들은 인생에 대한 커다란 기대를 접고 '소확행'을 꿈꾼다. 결혼을 해도 아이를 낳지 않는 딩크족(Double Income, No Kids), 일을 하지도 않고 일할 의지도 없는 니트족(Not in Education, Employment or Training) 등도 현실과 욕망의 불일치로부터 파생된 현상이다. 청년들 사이에서 유행하는 '이생망'(이번 생은 망했다), '7포 세대', '수저계급론' 등과 같은 자조적인 표현은 높은 경쟁 강도, 취직의 어려움, 불투명한 미래를 반영한 것이라고 할 수 있다.

　최근 유행하는 또 다른 슈퍼 트렌드인 '회·빙·환'은 현실에 대한 불안과 좌절감을 투영한다. 이번 생에 대한 좌절은 자신의 인생을 리셋하고 새로운 인생을 시작할 수 있다면 달라질 수 있을 것이라는 행복한 상상을 하도록 만든다. '회빙환'은 '회귀', '빙의', '환생'의 앞 글자를 따서 만들어진 신조어로 웹소설, 웹툰, 드라마, 영화 등 장르를 가리지 않고 대중적 성공을 담보하는 트렌드로 자리 잡고 있다. 주로 주인공은 모종의 이유로 죽음을 경험하게 되거나 초월적인 존재와 접촉하게 되면서 자신의 기억을 유지한 채 과거의 자신으로 돌아가거나 다른 시대 다른 인물의 몸속으로 들어가게 되는 등의 사건에 휘말리게 된다.

이런 설정이 〈나 혼자만 레벨업〉, 〈전지적 독자 시점〉, 〈화산귀환〉, 〈역대급 영지 설계사〉 등 판타지, 무협, 이(異)세계, 포스트 아포칼립스 등 다양한 장르에서 활용되면서 최근 웹소설과 웹툰 장르에서는 가장 흔하고 지겨운 클리셰로 여겨질 정도에 이르렀다. 최근 넷플릭스에서 공개된 작품들만 보아도 〈어둠의 실력자가 되고 싶어서!〉, 〈무직전생〉, 〈Re: 제로부터 시작하는 이세계 생활〉, 〈전생했더니 슬라임이었던 건에 대하여〉, 〈소드 아트 온라인〉, 〈방패 용사 성공담〉 등 애니메이션 장르에서도 회빙환 계열의 작품이 꾸준히 증가하고 있다.

영화와 드라마에서도 최근 〈내 남편과 결혼해줘〉, 〈재벌집 막내아들〉, 〈선재 업고 튀어〉는 큰 인기를 얻고 세간의 화제가 되기도 했다. 특히 회귀의 경우에는 드라마 속 주인공들이 앞으로 일어날 일들에 대한 지식을 이미 가지고 있다는 점을 활용하여 자신의 삶에 일어난 불행한 사건이나 잘못된 선택을 되돌리기 위해 능력을 사용하는 경우가 많다. 회귀 장르는 주인공이 이미 앞선 경험과 지식을 갖추고 있기 때문에 속 시원한 전개를 보여 주는 것이 가장 큰 특징이다.

2022년 11월 첫 방영을 시작한 〈재벌집 막내아들〉의 주인공인 윤현우(cast 송중기)는 가난한 집안에서 태어나 대기업인 순양그룹 오너 일가의 은밀하고 더러운 일들을 처리하고 관리해 주는 해결사로 살아간다. 하지만 이런 충성에도 불구하고 오너 일가의 누군가의 사주로 인해 죽음을 맞이하게 되는데, 다시 눈을 떠 보니 모든 기억을 고스란히 가진 채 순양그룹 재벌가의 막내아들 진도준의 몸에 들어와 있는 자신을 발견하게 된다. 이에 주인공은 자신의 목숨을 앗아간 원수가 누구인지 추적하는 한편 순양그룹 전체를 자신이 장악하기 위해 이미 자신이 가지고 있는 지식을 활용하여 움직이기 시작한다.

할아버지인 순양그룹 회장 진양철(cast 이성민)의 질문에 대해 재치 있는 답변을 한 대가로 아직 미개발 지역이었던 분당의 땅 5만 평을 선물로 받고, 세월이 흘러 분당이 재개발되면서 240억이라는 거액을 손에 쥐게 된다. 진도준은 이 자금을 바탕으로 본격적으로 순양그룹을 장악하기 위한 작전에 돌입하게 되고, 재벌가 오너그룹 사이에서는 후계승계 전쟁에서 승리하기 위한 각축전이 시작된다.

〈재벌집 막내아들〉은 치열한 신경전과 두뇌싸움을 바탕으로 한 빠른 전개와 함께 이미 알고 있는 지식을 어떻게 활용하는가 하는 관전 포인트를 가지고 있다. 또한 "내가 재벌집에서 태어났다면 어떤 삶을 살았을까?"라는 지점에서 대중의 행복한 상상력을 자극한다. 하지만 이러한 이야기가 유행하는 배경에는 부정적인 사회 환경이 놓여 있다.

재벌들이 각종 범죄를 저지르고도 처벌받지 않는 현실에 대한 분노, 기업 승계를 위한 각종 편법, 그들이 누리고 있는 부와 권력에 대한 반감, 벗어날 수 없는 사회구조에 대한 배신감, 상실감, 피해의식, 열등감과 같은 모든 정서가 배후에 자리 잡고 있다. 주인공이 가지고 있는 피해의식은 목표를 욕망하도록 만드는 결정적인 요인이다.

윤현우는 복수를 위해 권력을 가지려고 하고, 드라마는 복수의 완성이라는 비현실적인 해피엔딩을 제공한다. 대중들이 여기에서 느끼는 만족감은 감정이입을 통해 대체제로서의 만족에 불과하고 그런 만족감은 허위이다. 드라마를 시청하는 동안 잠시 현실로부터 탈출하여 스트레스를 해소할 수 있지만, 드라마가 끝나고 나면 우리는 빠르게 현실로 되돌아오게 된다.

드라마에서 되돌아와 현실을 자각하기까지는 시간이 그리 오래 걸리지 않는다. 우리는 드라마 속에서 빠져나와 현실의 문제를 해결하기 위해서는 역시 '권력'과 '부'가 있어야 한다는 이미지를 무의식적으로 내면화하면서도 동시에 현실적으로 자신이 그러한 지위에 영원히 오를 수 없다는 지점에서 절망하고 한탄한다. 권력을 욕망하면서도 권력을 미워하도록 하는 이 양가 감정이 끊임없이 욕망을 자극한다.

욕망과 대상의 거리가 가까우면 가까울수록 욕망은 증폭되고, 거리가 멀면 멀수록 대상은 욕망을 매개하지 않는다. 우리는 일론 머스크를 보면서 좌절하지는 않는다. 오히려 나와 가까운 관계에 있는 사람일수록 나의 욕망을 자극하는 매개자가 된다. 우리는 대기업의 회장 자리를 욕망하지는 않는다. 나와의 거리가 너무 멀기 때문이다.

하지만 드라마 속에서는 얼마든지 욕망할 수 있다. 드라마 속 주인공에게 이입되는 순간, 욕망의 대상과의 거리가 좁혀지기 때문이다. 우리는 드라마를 볼 때, 주인공의 입장에 동화되어 주인공의 시각으로 사건을 바라보고, 주인공의 시각에서 생각하며, 주인공의 시각에서 욕망한다. 주인공이 복수를 완성하는 순간 함께 카타르시스를 경험하게 된다. 물론 이런 경험은 환상에 불과하다.

예수님은 '낭만적 거짓'의 세계 밖으로 우리를 인도하신다. 당시 이스라엘은 로마로부터 불어오는 거센 세계화의 바람이었던 헬레니즘의 영향력과 맞서 싸워야 했다. 세계 시민인 '로마인'이라는 사실 하나만으로도 명예스러운 삶으로 간주되었다. 로마의 평화는 영원한 번영을 약속하는 것처럼 보였고, 이 거대한 이야기를 장악하고 있는 담론은 신들과 위대한 황제들의 이야기였다. 로마의 시대를 활보하며 거리에 즐비하게 전시되어 있는 신들의 조각상을 보며, '세련된 로마시민'으로서의 삶을 누리는 것이야 말로 신들의 은총이었던 시대였다.

한낱 로마의 속국에 불과했던 이스라엘, 그것도 변방의 시골 동네인 나사렛에서 태어난 목수의 아들이 시작한 운동이 로마의 질서가 되리라고 꿈꾸었던 자는 아무도 없었다. 그분은 이스라엘과 로마를 넘어 땅끝까지 이르게 될 꿈을 가지고 계셨고, 그 꿈을 위해서는 현존하는 질서 밖으로 나가야만 했다. 그의 주장은 너무나도 위협적이어서 그를 제거하지 않고서는 이 사태를 막을 길이 없었고, 십자가에 매달아 치욕과 모욕 가운데 전시하지 않고서는 이 위험한 '복음'이라는 생각이 퍼져나가는 것을 저지할 수 없었다.

예수님은 로마라는 대제국이 도달했던 세속적이고 낭만적인 거짓과 환상으로부터 우리를 진정한 삶의 주인으로 소환한다. 그분은 참된 자기 자신이 되기 위해서는 거짓의 가면을 쓰고 치장하도록 만드는 언술의 그물망을 벗겨내야 한다고 말씀하셨다. 그분은 왕이 되실 수 있었으나 왕이 되지 않음으로써 참된 왕이 되셨고, 그분은 혁명가가 되실 수 있었으나 혁명가의 길을 선택하지 않음으로써 세계에서 가장 유명한 혁명가가 되셨다.

현실에 대한 불만족과 환상적인 거짓 속에 머물며 자신의 삶을 허비하는 일을 버리고 이제 만국의 크리스천들이여, 일어나라! 그대들이 잃을 것은 스마트폰과 넷플릭스뿐이다.

함께 생각해 봅시다

1. 만일 과거로 되돌아가는 것이 가능하다면, 어떻게 살고 싶은지 생각해 봅시다.

2. 미래에서 바라본 현재의 나에게 무슨 이야기를 해 주고 싶은지 30초 정도의 영상 편지를 촬영해서 서로 나누어 봅시다.

3. 드라마와 영화 등 각종 콘텐츠에 대한 미디어 리터러시(literacy)가 왜 중요한지에 대해 생각해 보고, 미디어에 대한 비판과 토론이 이루어질 수 있는 방법에 대해서도 다양하게 제안해 봅시다.

⑧
마지막에 대한 이야기

인간은 누구나 마지막에 대한 이야기에 관심이 있다. 개인의 삶의 마지막인 죽음은 죽음을 맞이한 개인에게는 세계의 종말과 같다. 하지만 지구도 언젠가는 종말을 맞이하게 될 것이다. 예수님의 재림을 가정하지 않는다 해도 과학이 밝혀낸 자연의 질서에 따르면 이 세계에는 마지막이 있기 때문이다. 하물며 성경은 하나님의 계획과 섭리 아래 모든 것의 종말을 의미하는 심판의 날이 도래할 것임을 분명하게 이야기한다. 다만 그 종말의 때가 언제일지에 대해서는 그 누구도 말할 수 없다.[13] 성경은 마지막이 언제인지에 대해 주목하기보다는 마지막 때를 살아가는 제자로서의 삶을 오히려 강조한다.

성경에서의 마지막 날은 드라마나 영화에서 그리고 있는 것

---

13 이르시되 때와 시기는 아버지께서 자기의 권한에 두셨으니 너희가 알 바 아니요(행 1:7)

처럼 고통과 절망의 날이 아니다. 물론 누군가에게는 돌이킬 수 없는 날이 될 것임에는 분명하지만, 하나님의 완전한 통치가 임하고, 죄로 인해 하나님과 인간 사이에 갈라졌던 관계가 회복되는 소망의 날이다. 그래서 요한은 성경의 마지막 장인 계시록 22장 20절에 이르러 "아멘 주 예수여 오시옵소서"라는 비전을 제시한다. 종말에 기대어 사는 삶은 불안과 우울에 사로잡힌 삶이 아니며, 현실을 극복하는 소망의 삶이다.

어떤 이들은 종교가 마약과 같이 해로운 것으로 주로 나약한 정신력을 가진 사람들의 의존성이 투사되어 나타난 구상물에 불과하다고 비판하기도 한다. 현실을 초극(超克)할 수 있는 능력이 결여된 사람들이 종교를 자기 위로와 위안으로 삼아 고달픈 하루를 살아간다는 것이다. 자기 자신을 진정으로 사랑하고 신뢰하는 사람이라면 더 이상 신은 필요하지 않으며, 만들어진 신을 벗어나 무소의 뿔처럼 홀로 초인의 삶을 살면 된다는 세속종교의 교리를 전파하기도 한다.

하지만 이러한 종류의 주장은 세계에 존재하는 악의 문제와 연관된 크리스천들의 깊은 고뇌와 한탄, 분노에 대해 알지 못하거나 혹은 알더라도 무관심한 태도에서 비롯된 것이다. 세계에는 악이 존재하고 현실은 정의롭지 않다. 이런 세계에서 신의 존재를 인정하는 것과 거절하는 것 중 쉬운 선택은 신의 존재를 부정하는 것이다. 신의 존재를 인정하는 사람은 현실에 존재하는 온갖 부정의에 대한 이유를 끌어안고 고뇌해야 한다. 신이 침묵하고 계시는 것 같은 상황에서도 신에 대한 신뢰를 잃지 않고 현실 너머를 바라보아야 한다. 이러한 삶의 태도는 결코 정신력이 나약한 사람이 가질 수 있는 태도가 아니다. 정신이 나약한 사람은 굳이 신의 존재를 인정하면서 이해되지 않은 현실을 넘어서고자 노력할 필요가 없다. 그저 손을 툴툴 털면서 "신은 죽었다"라고 말하면 아주 손쉬운 해결 방법에 도달할 수 있다. 크리스천들은 비반성적인 사유를 하는 맹목적인 존재가 아니다.

어쨌거나 대중매체는 손쉽게 세계로부터 신을 제거하고 다양한 원인에서 기인한 지구의 종말을 우리 앞에 가져다 놓는다. 드라마와 영화 속 마지막 날에는 인간에 대한 신뢰가 완전히 붕괴되고, 한 치 앞도 관측할 수 없는 불확실성만이 가득하다. 종교인들은 경건하고 차분하기는커녕 사태를 악화시키는 광신자들로 등장한다. 문제를 해결하는 것은 대부분 세속종교의 사제인 '과학자'이다. 그리고 문제는 최종적으로 해결되지 않고 언제나 유보되거나 연기될 뿐이다. 따라서 여기서 묘사하는 희망은 '덜 절망적인 희망'뿐 온전한 소망이 될 수 없다.

온전한 소망은 창조 세계를 재맥락화하는 종말론적 갱신을 통해서만 가능하다. 이 소망은 예수의 부활 사건을 통해 결정적으로 나타났고, 이 사건을 쫓는 제자들에 의해 전파되고 있다.

물론 세상의 망가진 이정표를 수리하기에는 현재 교회 공동체의 사정이 썩 훌륭한 것은 아니다. 그럼에도 불구하고 교회는 세상을 향해 종말에 대하여 진술하기를 멈춰서는 안 된다. 그것은 세계를 불안과 좌절 가운데 방치하는 결과를 초래한다. 빛이 없는 세상에 빛으로 기능하기 위해서는 그 빛이 작을지라도 자신에게 주어진 장소를 비추는 일에 대해 멈추지 않는 것이 중요하다. 종말론적인 공동체인 교회는 멈추지 않고 땅끝까지 전진하는 급진적인 성격의 공동체이다.

함께 생각해 봅시다

1. 최근 시청한 종말에 관한 이야기에 대해 생각해 보고, 간략한 줄거리와 함께 자신의 생각을 나누어 봅시다.

2. 지난 1년 동안 예수님의 재림에 대해 고민해 본 시간을 모두 합산한다면, 시간으로 얼마나 될지에 대해 대략적으로 계산해 봅시다. 자신이 계산해 본 시간에 대해 그 이유를 생각해 보고 나누어 봅시다.

3. 예수님께서 다시 오신다는 사실에서 어떤 점이 나에게 가장 큰 의미로 느껴지는지 생각해 보고, 그 이유에 대해서 생각을 나누어 봅시다(예−정의의 실현, 힘겨운 삶의 종료, 완전한 신체로의 회복, 하나님과의 완벽한 교제, 보고 싶은 가족과의 재회 등).

PART 6

교회를 위한
새로운 언어

①
기독교 콘텐츠를 위한 미디어 리터러시

최근 '미디어 리터러시'(media literacy)라는 개념이 주목을 받고 있다. 넷플릭스는 여러 가지 혁신적인 측면을 지니고 있는데, '구독'이라는 개념을 도입하여 언제 어디서든 편하게 영상미디어를 시청할 수 있는 플랫폼을 구축했다는 점도 그중 하나다. 시간과 장소의 제약이 사라지면서 대중들은 언제든 원하는 콘텐츠를 시청할 수 있는 환경이 조성되었다. 최근 발표된 '2023년 인터넷 이용 실태조사'에 의하면, OTT(온라인동영상서비스)를 매일 시청하는 수가 인터넷 이용자의 82.3%이며, 주당 평균 이용시간은 6.9시간으로 나타났다.

폭발적인 영상 미디어의 성장으로 인해 불분명한 정보나 불건전한 영상물의 수도 함께 증가하게 되었고, 이에 대해 비판적인 시각으로 접근해야 할 필요성이 생겨나게 되었다. '미디어 리터러시'는 미디어에 접근하여 이를 비평적인 시각으로 바라보고, 이에 대한 이해를 바탕으로 재창조하는 능력을 의미한다. 또한 여기에는 미디어에 대한 창조적인 해석을 바탕으로 표현하고 소통하는 역량까지 포함된다. 미디어 리터러시는 특정한 매체에 국한되는 것이 아니라 텍스트, 사진, 영상, 음악 등 메시지를 포함한 모든 매체를 대상으로 한다. 미디어의 상업적인 본질과 내재된 권력구조를 분석하여 무차별적으로 유포되는 특정 이데올로기나 고정관념 등에 대해 비판적인 안목을 기르도록 하는 것이 그 목표이다. 미디어 리터러시 개념이 발생한 초기에는 주로 비판적인 관점으로 미디어를 해석하는 데 초점이 맞춰져 있었다면, 현재는 활용하고 생산하는 데까지 그 개념이 확장되고 있다.

이러한 미디어 리터러시의 개념을 기독교적인 측면에 반영하여 생각해 본다면, 기독교적인 미디어 리터러시는 '기독교 세계관'의 실천적 측면 중 하나로 정의할 수 있다. 기독교 세계관을 성경을 토대로 세계를 인식하는 체계라고 정의한다면, 성경적인

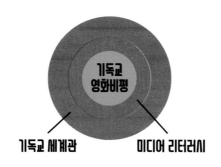

안목을 가지고 미디어를 비판하고 재창조하여 양질의 콘텐츠로 생산해 내는 활동은 기독교 세계관의 주요한 실천 과제 중 하나라고 할 수 있다. 그동안의 기독교 세계관 운동이 세계를 해석하는 데 집중해 왔다면, 이제는 세계를 변혁해야 할 때이다.

사실 지금까지 기독교 영화비평이라는 독자적인 분야가 명확하게 주제화된 것은 아니었다. 하지만 기독교 영화비평을 성경적인 안목에서 영화를 비평하는 작업이라고 정의한다면, 기독교 미디어 리터러시의 하위 범주로 분류할 수 있을 것이다. 영화와 드라마를 하나의 텍스트로 간주하여 해석하고 이를 실천적 영역까지 연결하는 과업을 수행한다는 점에서 미디어 리터러시는 기독교 영화비평과 유사한 목표를 가지고 있다. 다만 영화비평은 영상 콘텐츠를 대상으로 하는 반면 미디어 리터러시는 모든 매체를 대상으로 한다는 차이점이 있다.

지금까지 이 책에서 살펴본 영화에 대한 분석은 기독교 영화비평이 가지고 있는 다양한 영역 중에서도 주로 해석에 해당하는 작업이다. 하지만 기독교 영화비평은 해석을 넘어 새로운 실천 작업과 연결되어야 한다는 점에서 보다 구체적인 논의가 요구된다. 따라서 이를 위해 본 단락에서는 미디어 리터러시에 대한 접근, 읽기, 쓰기, 소통이라는 4가지 기본 개념을 접근, 해석, 기획, 표현이라는 형식에 담아 앞선 장에서 다루지 못했던 이야기들을 다루어 보고자 한다.

2

미디어에 대한 접근: 기독교적인 작품이 존재하는가?

"기독교적인 예술은 존재하는가?", "기독교적인 아름다움은 존재하는가?" 이런 종류의 질문은 간단하게 대답하기에는 상당히 난감한 질문이다. 이 질문은 "보아도 될 영화와 보면 안 되는 영화가 따로 있나요?"라는 대중적인 질문으로도 바꿀 수 있는데, 1956년 모리스 웨이츠(Moriss Weitz)가 예술은 '열린 개념'(open concept)이기 때문에 "예술에 대한 정의가 불가능하다"라고 규정한 이후 "이 작품은 기독교적이지 않다"라고 딱 잘라 말하기란 여간 난감한 것이 아니다. 웨이츠는 예술을 특정한 사유나 양식으로 규정한다면, 새롭게 생겨나는 예술에 대해서는 정의할 수 없는 부분이 생겨나므로 예술을 규정하는 조건을 날마다 새롭게 규정하거나 일일이 나열하는 것은 불가능하다고 지적한다. 예를 들면, 마르셀 뒤샹(Marcel Duchamp)의 「샘」은 무엇인가를 재현하는 미메시스의 전통에서 본다면, 예술이라고 부를 수 없게 된다. 이 작품은 기성품으로 생산된 변기를 그대로 가져다가 전시했을 뿐, 아무것도 재현하지 않기 때문이다.

이런 경향을 따라 아서 단토(Arthur Danto)는 '예술의 종말'이라는 표현까지 사용한다. 무엇인가를 재현하는 것을 내용으로 했던 '모방'(memesis)으로써의 근대의 미술은 종말을 고하고, 예술을 예술로 규정하던 내러티브(narrative)는 끝났다고 선언한다. 그는 앤디 워홀(Andy Warhol)의 「브릴로 박스」가 슈퍼마켓에서 판매하는 세탁용 비누박스와 차이가 없음을 지적하면서 "무엇이 예술인가?"라는 질문은 이제 "어떤 것이 예술이 될 수 있는가?"로 바뀌어야 한다고 말한다. 현대의 예술에 대한 이런 태도들을 종합해 보면, "무엇이 기독교 예술인가?"라는 간단한 질문에 답하는 것이 얼마나 어려운 일인가를 알 수 있다. 자, 우리는 지금 무엇이나 기독교 예술이 될 수 있고, 그 어떤 것도 기독교 예술이 될 수 없다는 애매한 진술에 도달한 것처럼 보인다.

물론 '기독교적인 작품'이란 무엇인가에 대한 정의는 사실 예술에 대한 정의만큼이나 개념적으로 정의하기 어렵다. 예수를 믿는 감독이 만든 영화는 기독교적인 작품인가? 예수를 믿는 감독이 기독교적인 가치와 관계없이 만든 영화는 기독교적인 작품인가? 예수를 믿지 않는 작가가 그린 예수의 십자가는 반기독교적인 작품인가? 예수를 믿지 않는 작가가 기독교적인 가치에 입각해서 쓴 대본은 기독교적인 작품인가? 만일 기독교인이 기독교적인 가치에 입각해서 기독교적인 소재를 가지고 만든 작품만이 기독교 예술이라고 정의한다면, 그 정의가 지시하는 의미가 매우 협소할 뿐 아니라 실제로 작가가 신앙을 가지고 있는지 없는지를 도대체 누가 판단할 수 있단 말인가?

어떤 작품에 대한 가치 판단을 위해서는 작가의 가치관과 인생, 작품활동의 맥락, 작품에 반영된 주제의식, 주제의식을 표출하는 소재, 이미지와 상징과 관련된 미장센, 캐릭터의 성격과 대사, 작품이 대중들에게 받아들여지는 맥락 등 너무나도 다양한 요소들을 고려해야 한다.

크리스천이 기독교적인 가치에 입각해서 만든 작품만이 가치가 있고 아름다운 것이라고 누군가가 주장한다면, 예수를 믿지 않지만 탁월한 작품을 만들어 내는 예술가들에 대해 설명할 수 없게 되거나 혹은 "그것은 아름답지 않다"는 무리한 주장을 해야만 한다.

이러한 시각은 하나님의 일반은총을 고려하지 않는 협소한 주장이다. 리차드 마우(Richard J. Mouw)는 『문화와 일반은총』에서 포스트모더니즘이 주장하는 '비공통성'은 교회 안에서 '영적인 것'(spiritual)과 '세속적인 것'(worldly)을 날카롭게 구분하도록 만든다고 지적한다. 사실 공통적인 지반을 격렬하게 거부하는 곳은 교회가 아니라 세상이다. 포스트모더니스트들 혹은 포스트구조주의자들은 공통의 신념 체계란 구상된 것에 불과하며, 힘 있는 자의 정의를 실현하는 폭력이라고 주장한다. 교회는 이 질적인 차이를 넘어 세상과의 '공통성'(commonness)을 회복함으로써 교회의 복음을 전할 수 있다. 마우는 "하나님은 모든 아름다운 것 가운데 빛나신다"라고 선언한다. 그렇다. 하나님이 계시지 않는 곳에는 그 어떤 아름다움도 드러날 수 없다.

마치 신자와 불신자에게 똑같은 햇볕과 비를 내려주시는 것처럼 그분께서는 예수를 거부하는 예술가의 손끝을 통해서도 아름다움을 창조하실 수 있는 분이시다. 마우는 "깊은 상처를 입은 세상에서 하나님의 복잡하고 다양한 뜻을 분별하는 작업 또한 포기해서는 안 된다"라고 말한다.

여기에서 일반은총을 둘러싼 복잡한 논쟁을 모두 다룰 수는 없는 노릇이고 또 그러한 부분은 이 책의 초점에서 벗어난다. 다만, 예술과 작품의 가치를 정하는 문제에 있어서 원저자의 가치관과 의도와 같은 요소들이 과거에 비해 그 중요성이 상당 부분 축소되었다는 점, 오히려 중요한 것은 공통의 지반 아래 작품이 어떤 맥락으로 받아들여지고 소비되는가 하는 점이라는 사실을 기억해 두도록 하자. 따라서 감독이 기독교적 가치를 토대로 제작했다고 주장하고 있지만 대중들로부터 반기독교적인 작품으로 인식되는 경우와 감독이 반기독교적 가치를 토대로 제작했다고 주장하지만 반대로 대중들로부터 기독교적인 작품으로 인식되는 경우가 있다면, "이 둘 중 어떤 것이 아름다운 가?" 하는 질문에 대해서는 후자라고 답할 수 있다는 것이다.

기독교 문화운동이 국내에서 처음 시작할 때만 하더라도 기독교 문화와 세속 문화를 날카롭게 나누고 대립시켜 대부분의 작품들이 반기독교적인 작품으로 간주되던 시기가 있었다. 하지만 이런 시각은 세계를 지나치게 이분법적으로 나누는 태도이다. 저쪽이 이쪽으로 넘어오지 못하도록 만드는 효과는 있을지언정 이쪽도 저쪽으로 넘어갈 수 없는 문제도 발생한다. 따라서 교회는 '미디어'라는 공통의 지반에 대해 무조건적인 배제나 무조건적인 타협의 사이에서 균형을 찾아야 한다.

오해를 피하기 위해 본 장을 마무리하기 전에 하나 더 지적해 두어야 할 것이 있다. 지금까지 논의해 온 지점들을 고려한다 해도, '기독교적인 작품'에 대해서는 열린 개념으로 접근해야 하겠지만 반대로 '비기독교적인 작품'에 대해서만큼은 닫힌 개념으로서의 정의가 가능하다는 것이다.

간혹 실험적인 정신이 돋보이는 마이너 한 서브 장르의 작품들은 기괴하고, 잔인하고, 선정적인 경우가 있다. 개인적인 성향에 따라 이러한 작품들은 심각한 불안과 공포를 야기시킬 수 있기 때문에 취향의 문제를 별도로 하더라도 과연 기독교인이 이러한 작품을 보는 것이 의미가 있는가라는 질문이 가능하다. 하드코어(hardcore), 슬래셔(slash film)와 같은 장르의 영화들은 대부분 혐오스럽고 유혈이 낭자한 화면이 등장하며, 그 목적을 오로지 인간 본연의 공포심을 야기하는 것에 두기 때문에 여기서 기독교적 가치를 찾는다는 것은 사실 무리다. 따라서 그 어떤 영화에 대해서도 기독교적인 비평 작업은 가능하지만, 그렇다고 모든 영화가 기독교적인 영화가 될 수 있는 것은 아니라는 점에 대해만은 밝혀두도록 하자.

니콜라스 월터스토프(Nicholas Wolterstorff)는 『행동하는 예술』에서 예술은 '세계 투영 행위'라고 규정한다. 예술가가 투영한 세계는 우리가 사는 현실 세계가 아니라 대안적인 세계이며, 예술가의 개인적인 투영 행위라기보다는 공동체가 중요하다고 믿는 그런 세계를 투영하는 행위라고 말한다. 따라서 무엇이 기독교적인 예술인가, 무엇이 기독교적인 작품인가라는 질문에 대해 우리는 개인의 취향에 따라 선택해서는 안 된다. 교회의 해석 행위는 언제나 공동체적인 행위이며, 성경을 토대로 한 해석이라는 점을 잊지 말도록 하자.

3

미디어에 대한 해석: 기독교 영화비평을 위한 조언

영화비평은 영화와 드라마를 대상으로 분석하고 평가하는 작업이다. 주로 스토리 요약, 시각적 정보 및 청각적 요소 분석, 인물 분석, 영화의 문화적 맥락, 정치적 이데올로기 분석, 철학적 담론을 기초로 분석하는 등 다양한 작업들이 여기에 해당할 수 있다. 최근 블로그와 페이스북, 인스타 등 다양한 형태의 SNS가 발달하면서 전문적인 소양을 지니고 있지 않아도 누구나 손쉽게 접근할 수 있는 형태의 콘텐츠로 각광을 받고 있다. 그렇다면 영화 평론을 위해서는 어려운 영화 이론이나 인문학적인 공부가 반드시 필요한가?

최근 영화를 전문적으로 리뷰하는 유튜버들로 인해 영화에 대한 담론들을 생산하고 평가하는 문화가 더 일반화되고 있다. 하지만 조금 더 흥미로운 비평을 위해서는 쇼트, 클리셰, 몽타주, 오마주, 플롯, 미장센, 롱 테이크 등 기본적인 개념들에 대한 이해가 전제되어야 한다. "예술은 아는 만큼 보인다"라는 속설이 있는데, 이는 사실이다. 그렇다고 해서 이론이라면 질색인 분들은 예술을 즐길 수 없다는 말은 아니다. 콘텐츠는 개인의 취향에 따라 취사선택이 가능하며, 즐기는 방식 또한 개인에 따라 서로 다르다. 따라서 어떤 방식이 콘텐츠를 즐기는 보다 나은 방법이라는 것은 없다. 그럼에도 불구하고 인문학적 소양은 여러 맥락을 파악하고 하나의 콘텐츠가 가지고 있는 다층성을 드러내는 데 효과적이므로 도움이 될 수 있다.

영화 〈친절한 금자씨〉 출소한 금자씨는 화면의 좌측에 성가대는 우측에 있다

앞서 살펴보았던 영화 〈친절한 금자씨〉의 오프닝 시퀀스의 일부를 분석해 보자. 모두 두꺼운 옷을 입고 있는 한겨울에 꽃

무늬가 그려진 봄옷을 입고 막 출소한 금자는 화면의 왼쪽에 자리하고 있다. 그리고 반대편에는 산타클로스 복장을 한 교회 성가대가 금자를 환영하기 위해 노래를 부르고 있다. 이 장면에서 우리는 봄옷과 겨울옷의 대비, 왼쪽과 오른쪽의 대비를 통해 금자가 교회의 질서와는 거리를 두고 있다는 사실을 알 수 있다.

영화문법에 의하면 일반적으로 주인공은 왼쪽에서부터 오른쪽으로 움직인다. 이는 인간의 시지각이 무의식적으로 사물을 관찰할 때 왼쪽에서 출발하여 오른쪽으로 움직이기 때문이다. 대부분의 문자 체계가 대부분 왼쪽에서부터 오른쪽으로 움직여 가면서 글을 쓰는 이유도 여기에 있다. 따라서 주인공은 관객 입장에서 의식하지 않아도 불편감 없이 인식할 수 있는 위치인 화면 왼쪽에 위치하고 대립되는 인물들을 반대쪽에 배치하게 되는 것이다.

그래서 영화에서 주인공과 대립하는 빌런은 대부분 오른쪽에 위치한다. 우리가 잘 알고 있는 마블 시네마틱 유니버스의 〈어벤져스: 엔드게임〉의 마지막 전투 장면을 떠올려 보면 캡틴 아메리카와 아이언맨 등을 위시한 히어로는 화면의 왼쪽에, 타노스와 그의 부하들은 오른쪽에서 등장하여 서로 격돌한다는 사실을 알 수 있다. 이러한 영화의 내적 원리를 이해한다면, 이 장면에서 금자가 결코 복수를 포기하지 않을 것이며, 기독교의 화해와는 관계는 없는 질서에 속해 있다는 암시를 발견할 수 있다.

이 장면을 편집적인 관점에서 보면, 사람들 사이를 헤치고 전도사 쪽으로 향하는 금자씨는 미디엄 쇼트, 두부 접시를 떨어트린 후 전도사의 표정은 클로즈업 쇼트, 금자씨의 "너나 잘하세요"라고 말하는 장면은 익스트림 클로즈업 쇼트로 이어진다. '미디엄 쇼트-〉 클로즈업 쇼트-〉 익스트림 클로즈업 쇼트'로 화면을 의도적으로 편집함으로써 감독은 관객이 금자씨가 자신에게 다가오는 것 같이 느끼도록 연출하고 있다. 익스트림 클로즈업 쇼트로 금자씨의 얼굴이 등장하는 순간 관객은 화면 너머의 금자씨의 시선과 눈을 마주치게 된다.

마치 나를 응시하는 것 같은 시선으로 내뱉는 "너나 잘하세요"라는 대사는 화면을 넘어 이를 관람하고 있는 관객들 자신에게 던지는 화두와도 같은 효과를 발휘하게 된다. 몽타주 기법의 대가인 세르게이 에이젠슈타인(Sergei Eisenstein)은 "어떤 종류의 두 필름 조각을 이어 붙이면 반드시 새로운 개념, 새로운 특성이 그 병렬 상태로부터 생겨난다"라고 말한다. 편집은 단순히 필름을 이어 붙이는 것이 아니라 이야기를 전달하는 방식 그 자체이다. 이같이 영화비평을 위한 영화의 기본문법을 아는 것은 작품에 대한 깊이 있는 시각과 통찰을 제공해 줄 수 있다.

기독교 영화비평을 위해 우리는 크리스천이 성경으로부터만 영향을 받는 것이 아니라 다양한 사상, 가치, 종교, 문화로부터 영향을 받고 있다는 점을 이해해야 한다. 비평작업은 바로 이러한 영향력으로부터 자기 자신을 반성하는 작업이기도 하다. 따라서 미리 고정된 틀을 마련해 두고 어떤 영화가 기독교 전통에 적합한지 여부를 따지는 것이 기독교 영화비평 작업의 내용이 되어서는 안 된다. 또한 사회적인 언술의 집합체로 존재하는 영화에 대해 신학적인 이슈들을 억지로 추출하여 무리하게 적용의 수단으로 삼는 것도 피해야 한다. 기독교 영화비평의 과제는 미디어를 시청하는 대중들의 경험을 신학적 안목으로 규명하고 사회문화적 맥락과 연관 지어 해명하는 것에 있다.

그렇다면 전문가도 아닌 평범한 시민으로서의 크리스천이 하나의 영화를 보면서 생각해 보아야 할 측면들에는 어떤 것이 있을까? 간략하게 아래와 같이 정리해 볼 수 있다.

① 영화는 어떠한 세계관을 배경으로 하고 있는가?
② 영화의 주제는 어떤 사회, 문화, 종교, 정치적 맥락을 지니고 있는가?
③ 영화의 주제를 드러내는 POV(point of view)를 구현하는 캐릭터는 누구인가?
④ 대사, 색채, 화면구성, 음악 등은 어떻게 구성되었는가?
⑤ 감독은 이전 작품들에서 어떤 주제 의식을 표출해 왔는가?
⑥ 기독교적 세계관 측면에서 본다면, 어떻게 평가할 수 있는가?
⑦ 영화가 지닌 주제로 대안적인 작품을 만든다면 어떻게 기획

할 수 있는가?

　사실 영화나 드라마와 같은 영상 미디어는 이미지, 색상, 공간, 음악, 음향 등을 일종의 언어로 사용한다. 아무리 인상 깊게 감상한 작품도 시간이 지나면 특정한 이미지와 감정만이 남게 된다. 몇 년이 지난 작품의 스토리와 주요 캐릭터가 가진 세부 서사까지 모두 기억하는 사람은 없다.

　따라서 영화의 내러티브가 전달하고자 하는 가장 주된 요소는 컷(cut)을 통해 어떤 의미를 발생시키고, 이 의미를 통해 관객에게 어떤 정서를 전달할 것인가에 초점이 있다. 여기서 '편집'은 세계와 그 의미를 창조하는 셈이다. 이런 지점들에 유의하면서 대중적 수준에서 기독교 영화비평이 꾸준하게 이루어지는 것은 의미 있는 일이라 하겠다.

4
미디어 기획:
이야기하는 교회가 되기 위한 연습

교회는 스스로의 언어를 잃어가고 있다. 마셜 매클루언 (Marshall McLuhan)이 말한 것처럼 미디어는 '인간의 확장'이며, 동시에 '메시지'이다. 미디어는 인간의 세계를 이해하는 지평 그 자체이다. 이전 시대까지만 하더라도 메시지를 전달할 수 있는 매체는 종류에 있어서도 제한적이었고, 그 영향력도 제한적이었다.

하지만 '매스미디어'(mass media)라고 불리는 대량의 정보를 전달하는 매체는 이전과는 전혀 다른 형태의 세계를 만들어 냈다. 매스미디어는 현대의 언어이자 현대인의 인식의 틀이며, 현대인들이 의사소통을 하는 구조 그 자체이다. 그러나 이 새로운 시대의 언어에 기독교는 전혀 적응하지 못하고 있다.

하지만 본래 기독교는 '이야기하는 종교'이다. 제임스 K.A.

스미스(James K.A. Smith)는『누가 포스트모더니즘을 두려워하는가?』에서 리오타르(Jean-François Lyotard)가 지적한 것처럼 모든 지식은 내러티브의 특성을 가지고 있으며, 기독교 신앙이야말로 내러티브의 특성을 지니고 있다고 주장한다. 따라서 교회는 스토리텔링(이야기하는) 교회가 되어야 하며, 성만찬과 설교는 복음이라는 거대한 이야기의 한 막과 장으로 청중을 초대하는 행위임을 상기시킨다.

결국 스토리텔링하는 교회는 세상에 대해 복음에 대한 이야기를 전한다는 점에서 예배를 통해 '환대'를 실천하게 되는 것이다. 따라서 이야기하는 교회는 선교적인 교회이며, 거대한 이야기의 가능성을 기각하고 사람들을 절망적인 '회의'로 몰아가는 세상의 초등학문에 대한 실천적 저항이다.

성경은 그 어떤 이야기보다 거대한 이야기, 흥미로운 이야기, 인간의 상상력을 자극하는 이야기들로 이루어져 있다. 하지만 교회는 상상하기를 멈추고, 세상과의 공통의 지반을 찾아 대화하기보다는 교회 내에서 통용되는 게토화 된 세계에 안락하게 머물기를 선택했다. 하지만 교회의 성장보다는 생존을 말해야 하는 이 시대에는 교회 안에 머무는 것만으로는 아무것도 할 수 없다. 교회는 세상을 위한 교회이며, 세상을 향해 이야기하는 교회가 되어야 한다. 따라서 교회는 이야기를 세속세계의 언어인 '미디어'로 그 형태를 재창조해야 할 의무가 있다.

최근 생성형 인공지능의 출현으로 인해 앞으로 콘텐츠의 대폭발 시대가 더욱 가속화될 것이다. 영상 콘텐츠 제작을 위해서 더 이상 촬영을 할 필요가 없는 시대가 다가오고 있다. 2024년 OpenAI에서 공개한 텍스트를 기반으로 영상 제작이 가능한 생성형인공지능 Sora는 1인 미디어 시대의 가능성에 더 크게 다가서도록 만든다.

간단한 텍스트를 입력하면 실제와 구별이 불가능할 정도의 퀄리티를 지닌 영상이 제작된다. 자연스러운 질감뿐 아니라 여성의 선글라스에 비친 거리의 모습과 여성의 피부의 잡티, 비가 오는 거리에 반사되는 불빛 등 엄청난 인력과 자본이 투입되어야 제작할 수 있었던 장면을 이제는 OpenAI 서버에 접속할 수 있는 컴퓨터와 네트워크만 있다면 누구나 제작할 수 있는 시대로 변화되고 있다.

폭발적인 미디어 환경의 변화는 현재 다양한 문화 예술 분야에서의 변화를 예고하고 있는데, 이 혁명적인 도구의 출현은 인간의 인식 체계 자체에 또 다른 변화를 초래할 가능성이 높다. 이제는 상상력과 아이디어가 있다면 영화와 드라마 속 세계를 누구나 구현할 수 있는 세계로 나아가고 있는 셈이다.

이런 상황에서 교회는 미디어 자료들에 대한 활용도가 여전히 높지 않다. 전통적인 설교자 중심의 예배 상황은 코로나19로 인해 온라인 예배가 확산되면서 그 영향력이 이미 감소되고 있다. 문제는 복음의 내용을 담을 새로운 언어, 새로운 형식이다. 새로운 형식은 자유롭고 참여자 지향적이며, 흥미의 요소를 더한다는 점에서 인터렉티브(interactive)한 경험을 제공해 줄수 있다. 교회를 위한 새로운 표현, 새로운 언어로서의 미디어의 가능성은 그 중요성이 점점 더 확대될 것이다. 그렇다면 교회는 새로운 언어를 사용하기 위해 어떻게 준비해야 할까?

함께 연습해 봅니다

Step 1. 챗GPT(chat GPT)를 활용한 콘텐츠 기획안 작성

1) 간단한 챗GPT프롬프트 작성 가이드

① Role(역할) 부여: 당신은 지금부터 콘텐츠 크리에이터로써 성경에 등장하는 스토리를 창의적으로 재구성하여 기획하는 일을 수행합니다.

② Context(상황) 부여: 제안한 기획서를 토대로 제작될 유튜브 영상은 초등학생을 대상으로 합니다.

③ Instruction(수행명령) 작성: 성경에 등장하는 소년 다윗이 물맷돌을 들고 블레셋의 거인 골리앗과 싸웠던 이야기를 현대적인 맥락에서 축구부 이야기로 재해석하여 2명의 메인 캐릭터가 등장하는 짧은 드라마 타입의 기획안을 각 세부항목에 따라 작성해 주세요.

④ Tone&Style(말투, 스타일, 분량 등) 지정: 총 2,000자 분량으로 작성해 주세요.

2) 실행 결과 예시

---

1. 제목

"다윗과 골리앗: 학교 운동장의 영웅 이야기"

2. 개요

이 기획안은 성경에 등장하는 소년 다윗과 거인 골리앗의 이야기를 현대적인 배경에서 재구성한 드라마 타입의 콘텐츠입니다. 초등학생 시청자를 대상으로, 동화적인 캐릭터와 현대적 요소를 접목하여 재미와 교훈을 동시에 제공합니다.

3. 주요 캐릭터 소개

① 다윗(David)

나이: 10세

성격: 용감하고 긍정적이며, 친구들을 사랑하는 마음이 큰 소년

취미: 운동. 특히 축구를 좋아하며, 친구들과 어울리기를 좋아함

특징: 늘 웃음을 잃지 않고 어려움 앞에서도 포기하지 않음

② 골리앗(Goliath)

나이: 12세

성격: 처음에는 무섭고 거만하지만, 알고 보면 외로운 소년

취미: 운동장 한구석에서 혼자 노는 것을 좋아함. 힘이 세고 키가 큼

특징: 겉으로는 강해 보이지만, 내면에는 친구를 사귀고 싶어하는 마음이 있음

4. 줄거리

1화: 첫 만남

배경: 평화로운 초등학교 운동장, 아이들이 축구를 하며 놀고 있음

스토리: 다윗과 친구들이 축구를 하고 있을 때, 축구선수인 골리앗이 등장하여 운동장을 차지하려고 함. 다른 아이들은 골리앗의 실력에 겁을 먹고 물러나지만, 다윗은 용감하게 나서서 골리앗에게 맞서기로 결심함

2화: 도전과 준비

배경: 다윗의 집과 학교 운동장

스토리: 다윗은 집 앞 공터에서 작은 축구공을 가지고 드리블 연습을 함. 이 장면에서 다윗의 형이 나타나 격려하고, 다윗은 친구들과 함께 골리앗에게 맞설 계획을 세움

3화: 대결의 날
배경: 다시 학교 운동장
스토리: 아이들이 운동장에 모여 다윗과 골리앗의 대결을 지켜봄. 다
윗은 하나님께 실력을 발휘할 수 있게 해달라고 기도한 후에 골리앗과
의 축구 대결을 시작함. 다윗의 드리블 실력에 골리앗은 놀라 쓰러지
고, 모든 아이들이 환호하며 다윗을 영웅으로 축하함

4화: 우정의 시작
배경: 운동장과 학교 교실
스토리: 대결 이후 골리앗은 다윗에게 진심으로 사과하고, 다윗은 그
런 골리앗을 따뜻하게 받아들임. 이후 두 사람은 친구가 되고, 함께 운
동장에서 축구를 하며 즐거운 시간을 보냄. 다른 아이들도 골리앗과
친구가 되어, 모두가 함께 어울려 노는 장면으로 마무리

5. 주요 메시지
①용기와 우정: 어려운 상황에서도 용기를 내는 다윗의 모습은 어린이
들에게 중요한 교훈을 줌
②포용과 이해: 골리앗의 변화를 통해 서로를 이해하고 받아들이는 과
정이 중요함을 강조
③협동과 화합: 친구들과 협동하며 문제를 해결하고, 모두가 함께 어
울리는 즐거움을 전함

6. 연출 및 디자인
①시각적 요소: 밝고 컬러풀한 배경, 캐릭터들의 귀여운 디자인
②음향 효과: 경쾌한 배경 음악, 중요한 장면에서의 효과음 강조
③대사와 행동: 아이들의 언어를 사용하여 쉽게 이해할 수 있는 대사
와 행동

7. 에피소드 구성

①총 4화 구성: 각 화당 약 5분, 총 20분 분량의 영상 시리즈

②연재 방식: 매주 한 화씩 유튜브 채널에 업로드

8. 기대 효과

①교육적 가치: 성경 이야기의 현대적 재해석을 통해 초등학생들이 용기와 우정의 중요성을 배우게 됨

②엔터테인먼트: 재미있는 스토리 전개를 통해 시청자들의 관심을 끌고 지속적인 구독자 증가 기대

9. 후속 기획

①다양한 성경 이야기 재해석: 다른 성경 이야기들도 현대적이거나 동화적인 캐릭터와 배경을 통해 재구성하여 시리즈화

②시청자 참여 이벤트: 시청자들이 다윗과 골리앗처럼 자신의 용기와 우정을 보여주는 이야기를 공유하고, 그중에서 우수작을 선정해 특별 영상을 제작

10. 마케팅 전략

①SNS 홍보: 페이스북, 인스타그램 등 SNS를 통해 영상 티저와 주요 장면을 홍보

②콜라보레이션: 유튜브 인기 어린이 콘텐츠 크리에이터들과의 협업을 통해 더 많은 시청자 유입

③학교와의 협력: 학교와 협력하여 교육 자료로 활용될 수 있도록 제안

이 콘텐츠는 초등학생들이 쉽게 이해하고 공감할 수 있도록 구성되었으며, 재미와 교훈을 동시에 제공하여 큰 인기를 끌 것으로 기대합니다.

* 프롬프트 마켓플레이스: 고품질의 결과물을 얻을 수 있도록 판매자들이 미리 구성해 둔 프롬프트를 찾고 구매할 수 있는 거래 사이트이며, 프롬프트를 구매하여 활용할 수 있습니다.

Step 2. 유튜브 시나리오 작성

1) 간단한 챗GPT프롬프트 작성 가이드

① Role(역할) 부여: 당신은 지금부터 전문적인 유튜브 시나리오 작가로 성경에 등장하는 스토리를 창의적으로 재구성하여 시나리오를 작성하는 일을 수행합니다.

② Context(상황) 부여: 제안한 기획서를 토대로 제작될 유튜브 영상은 초등학생을 대상으로 합니다.

③ Instruction(수행명령) 작성:

"1화: 첫 만남

배경: 평화로운 초등학교 운동장, 아이들이 축구를 하며 놀고 있음

스토리: 다윗과 친구들이 축구를 하고 있을 때, 축구선수인 골리앗이 등장하여 운동장을 차지하려고 함. 다른 아이들은 골리앗의 실력에 겁을 먹고 물러나지만, 다윗은 용감하게 나서서 골리앗에게 맞서기로 결심함"의 내용을 참고하여 작성해줘.

④ Tone&Style(말투, 스타일, 분량 등): 총 3,000자 분량으로 작성해주세요.

2) 실행 결과 예시

1화: 첫 만남

<u>씬 1: 학교 운동장의 일상</u>

<u>장소: 평화로운 초등학교 운동장</u>

배경음악: 경쾌한 배경 음악

화면: 아이들이 즐겁게 축구를 하고 있다.

카메라: 넓은 운동장을 비추며 여러 아이들이 축구를 하고 있는 장면을 천천히 줌인

나래이션 (부드럽고 친근한 목소리):

"평화로운 어느 날, 아이들은 학교 운동장에서 신나게 축구를 하고 있었어요."

씬 2: 다윗과 친구들

캐릭터: 다윗(주인공), 친구들(조연들)

배경음악: 경쾌한 음악 계속

카메라: 다윗과 친구들이 공을 주고받으며 즐겁게 웃고 있는 모습을 클로즈업

다윗: (웃으며) "얘들아, 이번에도 우리 팀이 이길 거야!"

친구 1: (웃으며) "맞아, 다윗! 너만 믿어!"

씬 3: 골리앗의 등장

캐릭터: 골리앗(상대 팀의 강력한 선수)

배경음악: 긴장감 있는 음악으로 전환

카메라: 골리앗이 운동장에 들어오는 장면을 슬로우 모션으로 보여줌. 골리앗은 키가 크고 근육질의 모습.

나래이션: "하지만 그때, 골리앗이라는 이름의 무시무시한 축구 선수가 나타났어요."

씬 4: 골리앗의 도전

캐릭터: 골리앗, 다윗, 친구들

배경음악: 긴장감 있는 음악 계속

카메라: 골리앗이 다윗과 친구들 앞에 서서 도전하는 장면을 클로즈업

골리앗: (거만하게) "이 운동장은 이제부터 내가 차지한다! 누구든 나와 싸울 사람 있어?"
친구들: (두려움에 떨며 뒤로 물러난다)

씬 5: 다윗의 결심
캐릭터: 다윗, 골리앗, 친구들
배경음악: 희망적이고 용기 있는 음악으로 전환
카메라: 다윗이 용감하게 앞으로 나서는 장면을 클로즈업
다윗: (당당하게) "나, 다윗이 너와 싸우겠어!"
나래이션: "모두가 두려워했지만, 다윗은 용감하게 나섰어요."

챗GPT를 활용하여 생성한 스토리 보드

기본적인 시나리오 작업이 끝났다면 그다음으로는 '스토리 보드'를 준비하는 과정이 필요하다. 스토리 보드는 엄청난 그림 실력이 요구되는 것은 아니다. 머릿속의 아이디어를 간략한 선을 통해 프레임 안에 어떤 모습으로 이미지를 구현할 것인지를 표시해 주는 정도로 충분하다. 마치 블로그에 영화와 드라마에 대한 리뷰를 작성하면서 중요한 장면들을 스크린숏해서 넣어주는 것처럼 손으로 간략하게 신을 표현해 보는 작업이다. 최근에는 작품의 세계관 설정부터 인물 설정, 인물 관계도 설정, 세부 시나리오에 이르기까지 간단하게 스토리 보드를 제작할 수 있는 다양한 생성형인공지능 서비스들이 서비스를 제공하고 있다. 여기까지 진행되었다면 촬영을 위한 기본 준비가 이루어진 셈이다.

⊙ **촬영을 위한 준비 가이드**
  1. 촬영을 위한 팀 구성
  2. 예산 편성
  3. 촬영 스케줄 정리
  4. 리허설 진행
  5. 장비 체크 리스트 작성 및 준비
  6. 영상 촬영
  7. 후반 영상 편집
  8. 음향 작업
  9. 마무리 작업

처음부터 대단한 작품을 기획하고 만들겠다는 생각보다는 우리 아이들에게 우리의 이야기를 보여주겠다는 마음가짐으로 우선 시작하는 것이 중요하다. 실제로 영화나 드라마 촬영을 위해서는 엄청난 준비가 필요하지만 우리가 지금 촬영하고자 하는 것은 짧은 분량의 크리에이티브한 영상일 뿐이다. 따라서 본격적인 사전 준비에 과도한 시간을 사용하거나, 혹은 체크리스트에 함몰되어 시도조차 하지 못하고 프로젝트가 중간에 좌초되는 것만 피한다면 느린 속도로라도 시도하는 것이 중요하다. 촬영 과정의 상세한 모든 부분을 다루는 것은 이 책의 범위를 지나치게 벗어나는 것이므로 관련된 서적들을 필요에 따라 참고하도록 하자.

5
설교자를 위한 가이드

영화와 드라마는 대중의 정서와 욕구에 가장 민감하게 반응하는 트렌디한 장르라고 할 수 있다. 따라서 영화와 드라마를 분석하고 비평하는 일은 현시대의 문제에 접근하는 것을 의미한다. 월터 브루그만의 말처럼 설교가 사람들이 가지고 있는 이미지에 도전하여 새로운 이미지를 제공함으로써 사람들의 경험과 인식, 신앙이 성경을 통해 재조직될 수 있도록 하는 행위라면, 사람들이 지니고 있는 이미지에 접근하고 해석하기 위한 방편으로 설교자는 영화와 드라마를 활용할 수 있다. 영화와 드라마의 이야기나 혹은 특정한 캐릭터를 통해 이 시대에 통용되는 트렌디한 가치관이나 생각들을 반성적으로 사유할 수 있다는 의미이다. 또한 영화나 드라마가 가지고 있는 풍부한 스토리텔링은 인간과 세상에 대한 통찰을 제공해 줄 수 있다.

하지만 영화를 설교에 활용하기 위해서는 설교자가 지나치게 영화 이야기에 매몰되어서는 안 된다는 점을 기억해야 한다. 상황(context)이 제거된 설교는 단순한 텍스트(text)의 낭독에 불과하기 때문에 설교자는 반드시 성경 본문을 삶의 정황에 잇대어 해석해야 한다. 하지만 반대로 영화나 드라마 텍스트가 지나치게 강조되어 본문의 메시지를 압도해 버린다면 그것은 설교가 아닌 그저 이야기가 되어 버리고 만다. 따라서 설교자는 제한된 방식으로 이야기를 다루는 방식을 숙지해야 한다.

영화와 드라마는 설교의 도입부에서 청중을 설교가 구현하는 세계로 초청하기 위한 수단으로 사용될 수 있다. 기독교 언어에 익숙하지 않은 초신자나 혹은 지난 한 주간 동안 세상에서 열심히 살다 피곤한 몸을 이끌고 예배 시간에 나온 청중들의 관심을 한 번에 주목시키기 위한 수단으로 활용될 수 있다. 또한 본문의 내용을 보다 쉽게 이해하게끔 유도하기 위한 예시로도 활용할 수 있다. 무엇보다 인간은 시각정보에 민감하기 때문에 설교가 구현하는 세계로 청중들이 진입하는 과정을 보다 자연스럽게 유도할 수 있다는 장점이 있다.

사례 01- 도입부의 주제 제안

본문: 눅 10:38-42

요즘에는 아이들이나 어른이나 누구나 할 것 없이 바쁘게 살아갑니다.

요즘에는 아이들이나 어른이나 누구나 할 것 없이 바쁘게 살아갑니다. 정신없이 살다 보면 한 주가 지나가 있고, 또 정신 없이 살다 보면 한 주가 지나가 있습니다. 누구나가 열심히 살아가는 이 시대에 모두가 힘들고 지쳐 있습니다. 저는 그리스도인들이 무기력해지는 여러 가지 이유 중 가장 중요한 것이 바로 '분주하다는 것'에 있다고 생각합니다. 최근 저는 흥미로운 작품을 하나 시청했습니다. 〈히어로는 아닙니다만〉이라는 제목의 드라마인데요. 설정이 참 재미있습니다. 초능력을 가지고 살아가는 한 가족이 있습니다. 그런데 이 가족들은 현대인들이 겪는 질병에 걸려 초능력을 잃어버린 채 살아가고 있습니다. 꿈을 꾸는 어머니는 불면증으로 잠을 도통 잘 수가 없어서 더 이상 꿈을 꿀 수가 없습니다. 하늘을 비행하는 능력을 가진 큰딸은 비만으로 인해 하늘을 날아다닐 수 없게 되었습니다. 행복한 과거로 시간 여행을 할 수 있는 능력을 지닌 아들은 우울증에 걸려 더 이상 행복감을 느낄 수 없는 상태가 되어 능력을 상실합니다. 이 드라마는 누구나 걸릴 수 있는 질병으로 인해 초능력자들마저 무기력하게 변할 수밖에 없는 현실을 재치있는 설정으로 가져왔습니다.

저는 이 드라마를 보면서 능력을 잃어버리고 살아가는 그리스도인들을 떠올렸습니다. '분주함'이라는 질병에 걸려서 너무나도 바쁘게 살아가지만 정작 하나님 나라와는 상관없는 일들로만 바쁘게 살아가는 우리의 자화상을 발견하게 된다는 것입니다. '분주함'이야말로 우리로 하여금 하나님의 말씀에 귀 기울이지 못하도록 하는 현대인의 질병입니다. '분주함'이야말로 우리를 무기력하게 만드는 원인입니다.

그래서 주님께서는 오늘 본문에서 "몇 가지만 하든지 혹은 한 가지만이라도 족하니라"고 말씀하십니다. (생략)

〈히어로는 아닙니다만〉이라는 드라마의 설정을 간략하게 언급하면서 현대인들이라면 누구나 공감할 수 있는 코드로부터 출발하여 본문의 내용과 연결하고 있다. 무리한 해석이나 과도한 임의적인 해석보다는 자연스러운 흐름을 따라 관련된 내용을 적절하게 사용하는 것을 추천한다.

사례 02- 본문 이해를 위한 예시

본문: 마 6:25-34

오늘 주님께서는 우리에게 "무엇을 먹을까 무엇을 마실까 무엇을 입을까 하지 말라"고 말씀하십니다. 인간이라면 누구나 필요한 기본적인 의식주의 문제인데도 주님은 이런 것들을 위해 기도하지 말라고 말씀하십니다. 그런데 우리 기도의 내용을 들여다보면 사실은 대부분이 이런 기도라는 것이죠. 그렇다면 이런 기도를 하는 것은 주님의 뜻에 반대되는 것일까요? 아닙니다. 주님께서 지적하고자 하시는 것은 로마 제국이 제공해 주는 안락한 삶, 세상 사람들이 추구하는 물질중심의 삶입니다. 내일의 염려까지 끌어다가 오늘을 기어코 불행하게 만드는 그 삶의 질서 밖으로 나가라는 권면인 것이죠. 이는 다 이방인들이 구하는 것이라고 지적하십니다.

최근 2024년 넷플릭스에서 공개한 작품 중 〈더 에이트 쇼〉(The 8 show)라는 작품이 있습니다. 여덟 개 층으로 나누어진 격리된 공간에서 벌어지는 게임에 초대된 여덟 사람이 벌이는 이야기를 다루고 있습니다. 위층으로 올라가면 갈수록 생활공간이 넓어지고, 음식도 먼저 제공이 됩니다. 게다가 1분 단위로 올라가는 상금의 금액도 상층부에 이르면 천문학적으로 증가합니다. 흥미로운 점은 시간이 지날수록 사람들이 더 많은 돈을 벌기 위해 끔찍하고 잔인한 행동을 서슴지 않게 된다는 점입니다. 1층에 위치한 다리가 불편한 인물은 조금이라도 이 게임에서 살아남기 위해 자신의 방을 화장실로 내어주기까지 합니다. 그러면서도 그것이 당연하다고 생각합니다. 자신이 목표로 하고 있는 금액에 도달하기까지 자신은 무슨 짓을 해서라도 이 쇼에 남아 있겠다고 다짐합니다.

이 쇼는 현실의 축소판이죠. 우리 모두는 신자유주의 시대의 질서 아래에서 더 높은 곳으로 올라가기 위해 투쟁합니다. 인간성과 자존심을 무참히 짓밟는 현실 속에서도 위층으로 올라가기 위해서라면 하층민으로서 그러한 삶은 마땅하다고 되뇌이면서 하루를 살아갑니다. 욕망을 놓으면 보다 인간다운 삶을 살아갈 수 있음에도 불구하고 스스로 노예의 삶을 선택합니다. 주님께서는 이런 정체성이야말로 이방인들이 구하는 삶이라고 지적하십니다. 그리고 이러한 삶의 질서 밖으로 나가는 것, 그것이 바로 산상수훈에서 주님께서 말씀하시는 '하나님 나라'로 진입하는 삶의 출발점이 되는 것입니다.

직접적인 형태의 영상 활용이나 스토리텔링 형태의 예시에 있어서도 30분 기준의 설교 기준 1회의 사용만을 권장한다. 왜냐하면 현재 표준적인 예배 시간으로 자리잡은 1시간을 기준점으로 삼는다면 설교는 대략 25~30분을 경과할 수 없다. 스토리텔링이나 캐릭터 성경을 보여줄 수 있는 영상 1편의 길이를 대략 3분 내외로 잡는다 하더라도 3대지 설교의 경우, 각 2분씩 3번 영상을 활용하는 것만으로도 전체 설교 시간의 1/5이상을 차지하게 된다. 이는 전반적인 집중력의 저하로 이어질 수 있다. 예배의 형태와 기획에 따라 변동이 가능하지만, 같은 예배 시간에 1회 이상 영상 자료를 사용하는 것은 오히려 청중의 집중력을 저하시킬 수 있다. 영상 사용은 그 자체가 목적이 아니라는 점에서 전체적인 맥락이나 흐름에서 벗어날 우려가 있는 사용에 대해서는 자제하는 것이 좋다.

설교의 대상, 시간, 장소 등 여러 가지 요인에 따라 변동이 가능하므로 다양한 요소들을 고려하여 적절하게 배치하는 것이 효과적이라는 점을 기억해야 한다.

에필로그:
새로운 표현으로서의 교회 사역

"시름시름 앓는 것처럼 하루하루 근근이 살아내면서 신앙생활을 유지하는 것도 벅찬데, 또 무엇을 하라고요?", "전 드라마 볼 시간도 없는데요."여러 사람들의 볼멘소리가 귓가에 들려오는 듯하다. 그래서 이번 장에서는 무기력증과 피곤함에 시달리는 크리스천들을 위해 상상력을 발휘한 한 교회의 사역을 소개하면서 위로를 전하고자 한다.

시골의 작은 교회가 영화를 제작할 수 있을까? 그들이 제작한 영화가 과연 세상과의 공통지반을 찾아 상업적으로도 의미있는 성공을 거둘 수 있을까?

미국 텍사스주 알바니시에 있는 '셔우드 침례교회'는 2003년 〈플라이휠〉(Flywheel)을 시작으로 하여 4편의 장편영화를 제작했다. 교회 내의 자원을 활용하여 각본, 감독, 제작을 진행하였으며, 교인들은 기꺼이 무보수로 참여했다. 10만 달러의 예산을 들여 제작한 첫 번째 영화인 〈믿음의 승부〉(Facing the Giants) 는 실화를 바탕으로 한 이야기로 소위 루저라고 불리는 선수들 이 모여 있는 샤일로 기독학교의 미식축구팀의 성장 스토리를 다룬다. 다소 진부한 이야기라고 생각할 수도 있지만 이 작품은 56개국에서 개봉되었고, 제작비의 3,000배에 달하는 흥행 성적 을 거두게 된다.

셔우드 침례교회에서 제작한 또 다른 영화인 〈파이어프루프〉 (Fireproof)는 결혼 생활의 위기에 대해 다루면서 실제 이혼 위기 에 처해있는 부부들의 삶을 이혼으로부터 구출해 냈으며, 현재 미국 전역의 커뮤니티에서 결혼 생활 상담 자료로 활용되고 있 다고 한다.

물론 당시 셔우드 침례교회의 규모가 500여 명 정도였다는 점을 고려하고, 영화 제작비인 10만 달러의 예산을 목적 헌금을 통해 기금으로 마련할 수 있었다는 점에서 시골의 작은 교회에 서 이룬 성과라고 표현하기에는 괴리감을 느낄 수 있다. 국내 교회의 80% 이상이 미자립 소형교회로 분류되는 현실에서 1억 이상의 자원을 마련하여 영화 한 편을 제작한다는 이야기는 꿈 같은 이야기에 불과하다. 하지만 여기서 우리가 주목해야 할 점은 셔우드 침례교회는 교회와 세상 사이에 가로놓여 있는 공 통의 지반을 찾아 공통의 언어로 이야기하는 데 성공했다는 점 이다.

스마트폰의 등장으로 이제는 누구나 영상을 촬영할 수 있는 시대가 되었고, 다양한 편집 프로그램의 등장으로 손쉽게 편집할 수 있는 여건이 만들어졌다. 게다가 생성형 AI의 등장은 기술과 자원의 한계를 뛰어넘어 이야기하는 교회로서의 가능성에도 큰 보탬이 될 것으로 보인다. 물론 교회의 이러한 시도들이 실패할 수도 있다. 야심 찬 기획과 도전 정신으로 유튜브 세계에 도전장을 내밀어도 좀처럼 오르지 않는 조회수로 인해 좌절할 수도 있다. 하지만 중요한 것은 그럼에도 불구하고 이야기하기를 멈추지 않는 것이다.